Diário
DO SUCESSO

Este diário pertence a:

____

Se encontrá-lo,
por favor, devolva-o.

Recompensa:

____

DOMINIK SPENST

Diário
DO SUCESSO

SEXTANTE

Título original: *Das 6-Minuten-Erfolgsjournal*

tradução: Adriana Rabel e Vanessa Rabel

preparo de originais: Ana Tereza Clemente

revisão: Camila Figueiredo e Luis Américo Costa

projeto gráfico: Sevnur Acar e Maria Gottwig

capa: zero-media.net, Munique

diagramação e adaptação de capa: Ana Paula Daudt Brandão

impressão e acabamento: Geográfica e Editora Ltda.

CIP-BRASIL. CATALOGAÇÃO NA PUBLICAÇÃO
SINDICATO NACIONAL DOS EDITORES DE LIVROS, RJ

S729d

Spenst, Dominik

Diário do sucesso / Dominik Spenst ; tradução Adriana Rabel, Vanessa Rabel. - 1. ed. - Rio de Janeiro : Sextante, 2023.

304 p. ; 21 cm.

Tradução de: Das 6-minuten-erfolgsjournal

ISBN 978-65-5564-266-7

1. Autorrealização (Psicologia). 2. Sucesso. 3. Desempenho. 4. Técnicas de autoajuda. I. Rabel, Adriana. II. Rabel, Vanessa. III. Título.

21-74204 CDD: 158.1
CDU: 159.947

Meri Gleice Rodrigues de Souza - Bibliotecária - CRB-7/6439

Rua Voluntários da Pátria, 45 – Gr. 1.404 – Botafogo
22270-000 – Rio de Janeiro – RJ
Tel.: (21) 538-4100 – Fax: (21) 2286-9244
E-mail: atendimento@sextante.com.br
www.sextante.com.br

SUMÁRIO

"

Você nunca mudará sua vida a menos que mude algo que faz todos os dias. O segredo do sucesso está na sua rotina.

JOHN C. MAXWELL

Introdução

A história por trás deste livro

... e de como um lenhador estava redondamente enganado

Era uma vez um lenhador que se candidatou a um emprego numa madeireira. O salário era bom, as condições de trabalho eram atraentes e, claro, o lenhador queria causar boa impressão. Em seu primeiro dia, ele se apresentou ao encarregado, que lhe deu um machado e indicou uma área da floresta. Entusiasmado, o lenhador logo se lançou ao trabalho.

Num só dia ele derrubou 18 árvores. "Parabéns", disse o encarregado, "continue assim." Incentivado por essas palavras, o lenhador se empenhou ainda mais. Naquela noite dormiu cedo. Na manhã seguinte, acordou antes de todo mundo e foi para a floresta.

Apesar de todo o seu esforço, não conseguiu cortar mais que 15 árvores. "Devo estar cansado", ele pensou, e decidiu ir para a cama ainda mais cedo, assim que o sol se pôs. Quando o dia estava raiando, o lenhador acordou determinado a bater o recorde das 18 árvores. Mas não conseguiu cortar nem a metade. No dia seguinte, foram sete; no outro, só cinco. No último dia, passou praticamente o tempo inteiro tentando derrubar a segunda árvore. Preocupado com o que o encarregado diria, o lenhador explicou o ocorrido e jurou de pés juntos que havia trabalhado até a exaustão. Então o encarregado lhe perguntou: "Quando foi a última vez que você afiou o machado?" "Como assim, afiei o machado? Não tive tempo para isso, estava ocupado demais tentando derrubar árvores."

Uma história de Jorge Bucay

Moral da história

Entendo a experiência do lenhador como uma metáfora para a maneira como muitos de nós exercemos o trabalho. Todos os dias nos deparamos com novas tarefas, responsabilidades e desafios. Ainda por cima, estamos muito ocupados tentando fazer com que tudo funcione bem. Sonhos e desejos ficam para trás na correria do dia a dia e raramente temos um tempinho para respirar. Afinal, as contas não param de chegar, a cozinha não se limpa sozinha e o bumbum do bebê, também não. Em vez de afiar a nossa "lâmina" regularmente ou deixar o machado de lado às vezes, preferimos trabalhar até que o rendimento comece a cair. Como o lenhador, muitas vezes usamos a lâmina cega – na maior parte do tempo sem prestar atenção nisso –, mesmo que estejamos cortando somente galhos pequenos. Para explicar como este diário veio parar na sua mão, tenho uma confissão a fazer: eu mesmo fui como esse lenhador... e demorei quase dois anos para admitir essa verdade.

A vida como era antes

Mas nem sempre fui como esse lenhador. Em 2015, sofri um grave acidente de moto que me arrancou da minha rotina. Precisei me submeter a 12 cirurgias e passei 16 semanas em hospitais, a maior parte do tempo fazendo uso de medicamentos fortes contra dor. Até o último instante, os médicos responsáveis pelo meu atendimento diziam que seria necessário amputar a minha perna esquerda. Numa tentativa de sair do fundo do poço mental, eu passava horas diante do notebook ou com o nariz enfiado em uma dúzia de livros de psicologia. Os princípios que encontrei nesses livros – sobretudo métodos para praticar a gratidão e a introspecção – me ajudaram a atravessar os tempos difíceis. Esses princípios foram de grande valor para mim, tanto que decidi criar algo que pudesse influenciar outras pessoas positivamente. O resultado foi um capítulo produtivo e gratificante na minha vida. Depois que recebi alta, me concentrei na visão cristalina que tinha adquirido sobre a vida e as coisas, e foi assim que surgiu meu primeiro livro, fruto da circunstância que vivi: *Diário dos 6 minutos*.

Logo depois da publicação, passei a receber mais e mais e-mails de pessoas que se sentiam agradecidas e queriam compartilhar suas experiências positivas com o *Diário*. Pouco tempo depois, a editora alemã Rowohlt entrou em contato para discutir a comercialização do livro e traduzi-lo para outros idiomas. Ao mesmo tempo, editoras do mundo todo me procuraram para propor a tradução do *Diário*. Instigado por esses acontecimentos, decidi fundar uma editora independente para, no futuro, criar livros práticos que pudessem ajudar os outros em seus processos pessoais.

Focado e totalmente motivado, transformei essa decisão em realidade. Mergulhei no projeto dos meus sonhos e um ano e meio passou voando. Durante o período em que me dediquei ao projeto, o diário enriqueceu a minha vida e a de 700 mil leitores em diversos países. Outros eventos maravilhosos foram se somando ao livro: realizei o sonho, longamente acalentado, de me mudar para Berlim, me casei com a mulher que esteve ao meu lado e tive a sorte de preservar minhas duas pernas.

De uma visão clara para uma floresta cheia de árvores

Com o tempo, muitas portas tentadoras se abriram, algumas tão escancaradas que entrei sem pensar; em outras ocasiões, resisti com muita dificuldade. Se antes eu conseguia enxergar a floresta como um todo, focado em um só grande projeto, agora via somente as árvores. Minha visão, bastante clara antes, começou a se perder numa névoa espessa de novas oportunidades. Durante meses me ocupei vigorosamente com sete projetos diferentes de livro, comecei a fazer um curso de *coaching*, desenvolvi um aplicativo em vários idiomas e, quando me dei conta, estava carregando nos ombros a responsabilidade por dez funcionários. Foi uma fase em que tive de lidar com o problema crônico do meu cotovelo de tenista e também com uma nova sequência de cirurgias na minha perna esquerda.

Quando a pausa se torna um trabalho oculto

Na tentativa de conciliar todos os projetos, comecei a trabalhar de maneira ainda mais obstinada. Pela primeira vez

> “
>
> ***Não se trata de querer bater a cabeça contra a parede, mas sim de encontrar com os olhos uma saída.***
>
> WERNER VON SIEMENS

em mais de dois anos, negligenciei aquelas rotinas do meu dia a dia que, pouco antes, me enchiam de paz e tranquilidade. O *Diário dos 6 minutos*, a ferramenta que eu mesmo inventei para poder parar e refletir – e, portanto, meu tempo de agradecimento e autorreflexão –, simplesmente ficava esquecido porque "não tinha tempo". Pequenos lazeres, como meditação e passeios curtos, eram sempre adiados para o dia seguinte e, durante o que eu chamava de "pausa", trabalhava escondido. Em vez de apenas ler antes de dormir, fazia planos e pesquisava. No trem já era rotina tirar o notebook da mochila. Na academia, entre um aparelho e outro, eu trabalhava nas ideias, como se fosse a coisa mais normal do mundo. E, mesmo que muitas pessoas me dissessem que minha obstinação pelo trabalho não era saudável, eu pensava comigo mesmo: vou parar de verdade quando X estiver pronto. Mas o X virou Y, o Y virou Z e o Z virou A de novo.

Essa metodologia funcionou muito bem por certo tempo, tão bem que desenvolvi a doença crônica do cotovelo de tenista no outro braço. Digitar ou deslizar o mouse se tornou impossível. Naquela época, mais uma cirurgia se aproximava. Minha determinação chegou ao ponto de, duas horas depois de acordar da anestesia, eu já estar pesquisando no Google programas de digitação por voz. Ou seja: logo depois da cirurgia, continuei trabalhando alegremente, mesmo sem poder usar os braços, como se nada tivesse acontecido.

Os ventos contrários que se formavam no meu entorno se transformaram em pequenos tornados e assim, no hospital, tive que encarar uma ideia vergonhosa: ainda que nos três anos anteriores eu tivesse me ocupado todos os dias com a psicologia positiva e a atenção plena, o abismo entre teoria e prática cresceu tanto que, sem perceber, construí

> "*O ser humano não tem tempo se não reserva um tempo para ter tempo.*"
>
> LADISLAUS BOROS

para mim mesmo uma roda de hamster – talvez tenha sido até uma gaiola de hamster. Tornei-me aquele lenhador que, com um machado cego, queria derrubar árvores aleatoriamente e trabalhar até ser vencido pelo cansaço.

Do apressado ao atento

Depois dessa confissão, aproveitei o restante do tempo no hospital para uma pausa deliberada durante a qual afiei meu machado. Pela primeira vez em pouco mais de dois anos, suspendi por alguns dias os pensamentos frenéticos e tumultuados e as atividades sem fim. Desci da rodinha de hamster com os dois pés e a contemplei de longe. Logo ficou claro que meu mundo interior e o mundo exterior estavam fora de sintonia havia bastante tempo. O mundo exterior estava cheio de projetos que comecei por obrigação: aplicativos e podcasts, porque é neles que "está o futuro"; um curso de *coaching*, porque esse seria o próximo passo lógico; projetos de livro que precisavam abordar um tema atual. Muitos desses temas "quentes" me deixavam frio por dentro, e, se eu não tivesse tirado aqueles dias de folga, é muito provável que só tivesse me dado conta disso muito mais tarde. No mundo exterior, eu valorizava segurança e rentabilidade, mas meu mundo interior ansiava por diversão e por um propósito. Eu esquecera completamente como tinha sido divertido trabalhar no meu primeiro livro porque nele havia encontrado um propósito e também porque havia criado algo que ajudava a solucionar meus problemas. É maravilhoso criar uma ferramenta que você pode usar em benefício próprio.

Após a alta do hospital, experimentei diversos recursos para me manter produtivo sem prejudicar a saúde. Queria vencer sem ser vencido. Em busca de inspiração, descobri muitos livros práticos que, para o meu gosto, focavam demais na produtividade ou focavam apenas na atenção plena, mas nunca conectavam os dois conceitos de modo consistente. Alguns diários uniam técnicas que pareciam boas e convincentes, mas, no fim, sobrecarregavam mais do que apoiavam o interessado. Em muitos casos, só a parte do preenchimento já exigia de 15 a 25 minutos pela manhã e às vezes a rotina se estendia por sessões noturnas e semanais. Na falta de algo que me ajudasse de verdade, tentei inventar uma solução própria. E lá estava de novo o sentimento de que o mundo exterior e o mundo interior combinavam, como calda e pudim. Ficou claro que finalmente havia encontrado o novo projeto de livro pelo qual tanto procurei. Mas, para o futuro, espero que eu consiga escrever mais um livro sem ter que parar no hospital antes. :)

A segunda moral da história

Enquanto trabalhava no livro novo, este que você tem nas mãos, muitos projetos e metas reduziram-se consideravelmente e passaram a caber no meu dia a dia. Durante o processo, a história do lenhador voltou à minha mente. Por trás do primeiro ensinamento estava oculto um segundo, muito mais profundo: tudo bem ter um machado afiado, mas de nada adianta se você derruba as árvores erradas com ele. É por isso que um lenhador esperto passa tanto tempo afiando o machado quanto escolhendo as árvores certas. O que é o "certo" você é quem vai definir. Pode ser a árvore que lhe fornecerá a maior quantidade de madeira, ou a mais resistente, ou a de qualidade melhor. O importante é que seus objetivos e projetos no mundo exterior entrem em harmonia com seu mundo interior, isto é, com suas necessidades e seus desejos. Não importa se aquilo que mais o motiva é saúde, dinheiro, viagens, espiritualidade ou serenidade. Seja o que for, o diário que está em suas mãos foi concebido para que você possa identificar todos os dias e em poucos minutos as árvores que realmente importam e, então, consiga derrubá-las de acordo com a relevância que têm em sua vida. É assim que você vai garantir que estará perseguindo metas de acordo com a sua definição de sucesso pessoal ou profissional.

A sua pedra de amolar

A principal razão de eu usar um machado cego por tanto tempo é que não fazia ideia de quanto parar e afiar o instrumento poderia afetar a produtividade. O afastamento consciente do trabalho e as técnicas que podem ser encontradas neste livro me ajudaram a alcançar meus objetivos muito mais rapidamente. Apesar de ter reduzido a minha carga de trabalho em 30%, olho para trás e vejo aquele período como um dos mais produtivos da minha vida, isso sem falar no fato de respirar melhor nas pausas, de conseguir me desligar e de reservar momentos para recarregar as energias. Neste livro, quero compartilhar com você as técnicas que me ajudaram a chegar até aqui. Creio que o que aconteceu comigo acontece também com muitas pessoas: estar perdido numa floresta infinita, sempre muito ocupa-

> “
>
> ***Se eu tivesse oito horas para derrubar uma árvore, passaria seis horas afiando o machado.***
>
> ABRAHAM LINCOLN

do com as árvores erradas, caminhando com um machado tão cego quanto uma velha faca de cozinha. Espero que os métodos e as explicações reunidos aqui possam ajudar você a reconhecer os objetivos que realmente importam, persegui-los com mais foco e menos estresse e, sobretudo, encarar temas como "sucesso" ou "alcançar objetivos" sob outra perspectiva. O *Diário do sucesso* não é somente um lembrete diário para que você afie o seu machado; ele é, ao mesmo tempo, a sua pedra de amolar.

Seis motivos

... para você amar o Diário do sucesso

1
A produtividade de mãos dadas com a atenção plena: você alcança seus objetivos com mais consistência e serenidade

Todos nós temos desejos que, à primeira vista, parecem contraditórios. Queremos ter uma barriga lisinha e também comer doces. Queremos independência financeira, mas não trabalhar 60 horas por semana. Queremos economizar e também comprar coisas legais. Queremos um parceiro maravilhoso, mas não depender de alguém nem passar pelos dramas emocionais que fazem parte de uma relação. Queremos ser felizes, mas não estamos dispostos a trabalhar os padrões negativos que nos afastam dessa realidade. Queremos perseguir nossos grandes sonhos, mas sem tirar os pés do chão. Queremos ser produtivos sem sentir exaustão.

Como você tem nas mãos este livro, posso deduzir que deseja alcançar suas metas, mas também que gostaria de fazê-lo, se possível, conciliando as ideias de foco e serenidade. No entanto, ao pensar em mais foco e serenidade, podem surgir conflitos, como: ou sou produtivo e consigo conquistar alguma coisa, ou fico pensativo e não consigo nada. Ou trabalho muito na minha próxima meta e estou de olho no futuro, ou vivo plenamente o momento presente e mantenho o foco em mim mesmo. Na realidade, conjugar exercícios práticos de atenção plena com estratégias comprovadas para aumentar a produtividade rende uma enorme quantidade de efeitos sinergéticos. É por isso que o *Diário do sucesso* une produtividade e atenção plena. Ele foi planejado para que você possa permanecer em equilíbrio e aproveitar o que esses dois mundos trazem de melhor. Assim, além de preencher listas de tarefas, você irá preencher listas de atividades para recarregar as baterias. Vai adquirir foco e concentração, aumentar sua autoestima e ter mais tempo para você.

Para ter certeza de que estamos falando a mesma língua, quero definir mais uma vez o que aqui se entende por "produtividade" e "atenção plena".

PRODUTIVIDADE não significa ser capaz de realizar uma quantidade maior de tarefas a cada dia, mas resolver de modo constante as tarefas e situações que de fato são importantes. Tarefas importantes são aquelas que, a longo prazo, melhoram a qualidade de vida.

ATENÇÃO PLENA não é apenas ter uma atitude de curiosidade e de aceitação em relação ao presente. É também a capacidade de entender as suas necessidades e conciliá-las com suas ações futuras.

Um dia produtivo e preenchido por atenção plena é nada mais, nada menos do que um dia em que você realizou algo importante para si mesmo.

Muitas pessoas levam anos ou décadas – no meu caso foram décadas – para descobrir que menos é mais quando se trata de trabalho produtivo e significativo. É raro que

"

A arte de descansar é uma parte da arte de trabalhar.

JOHN STEINBECK

precisemos de mais tempo para obter bons resultados; em geral, precisamos é aproveitar melhor o tempo. Quem planeja as pausas com a mesma inteligência com que planeja o trabalho não terá menos tempo, e sim mais tempo para preencher como quiser. A boa notícia é: para integrar o conhecimento dessas teorias ao dia a dia, você não precisa pagar para ver e atingir o limite físico e mental. Com este diário, pode alcançar seus objetivos de modo diferente, mais consistente e também mais sereno.

2
Foco: você vai aprender a habilidade mais importante do século XXI

Os empreendedores norte-americanos Warren Buffett e Bill Gates construíram por mérito próprio dois dos negócios mais bem-sucedidos de todo o planeta. Eles figuram entre as pessoas mais ricas do mundo há décadas e também entre os filantropos mais generosos e efetivos do nosso tempo. Além de utilizarem grande parte de suas fortunas para fins de interesse público, conseguiram convencer outros 204 bilionários a doar pelo menos metade de sua riqueza para o bem comum.[1] Quando esses dois senhores inteligentíssimos foram interrogados separadamente sobre o fator essencial do sucesso, ambos deram a mesma resposta: "Foco."[2]

Ter **foco** é a capacidade de identificar e concentrar a atenção naquilo que mais importa na vida. Há trinta anos, quando Gates e Buffett foram questionados sobre o maior segredo do sucesso deles, manter o foco era muito mais fácil que hoje em dia. Naquele tempo, não existiam tantas distrações. Ter um computador em casa era muito raro. Internet era coisa de filmes de ficção científica. A Amazon não tinha vendido um único produto. O Facebook só nasceria daí a 15 anos e a palavra *smartphone* não constava dos dicionários. Hoje, na era do excesso de informação e dos estímulos incessantes, sua atenção é requisitada o tempo todo. E, mesmo que ninguém de fora esteja de fato exigindo atenção, perder o foco é a coisa mais fácil do mundo, pois cada distração está somente a um clique de distância.

Ter **foco** é algo incrivelmente valioso não só porque se tornou raro como um unicórnio, mas também porque a sua atenção determina a sua realidade. O que você costuma perceber ou ignorar influencia quem você é e quem você vai ser. Na parte teórica deste diário, explicaremos por que é tão difícil manter o foco e por que, a longo prazo, ele pode melhorar e facilitar extremamente a sua vida. Na parte prática do diário, uma plataforma ajudará você a exercitar o foco diariamente e a fazer dele um hábito. Propomos uma rotina de 6 minutos, todos os dias, pela manhã. Com ela, você semeará os frutos que colherá logo depois, no mesmo dia: produtividade e atenção plena. Por meio do foco, você ganhará mais tempo e ainda preencherá esse

> *O caminho mais curto para completar muitas tarefas é sempre realizar uma de cada vez.*
>
> SAMUEL SMILES

tempo com coisas que enriquecem a sua vida. Resumindo, todos os dias você cuidará do seu foco e o seu foco vai cuidar do seu sucesso. E, mesmo que não estejamos numa aula de matemática, a seguinte comparação ilustra o que o foco representa:

MAIS FOCO = MAIS TEMPO =
MAIS EU = MAIS BEM-SUCEDIDO EU SEREI

3
Ciência no lugar de incoerência: você se beneficia com experiências reais e conhecimento científico

Este livro não pretende fazer promessas que não estejam fundamentadas nos resultados de estudos científicos ou em experiências reais. Muitas pessoas inteligentes e esforçadas – entre elas, psicólogos renomados, autores meticulosos e cientistas importantes – prepararam o terreno para este diário com seus livros, estudos e teses de doutorado. Você não precisa se dar o trabalho de explorar centenas de publicações científicas e livros para aprender a separar o joio do trigo. Já fizemos essa tarefa para você nas referências bibliográficas.

Porém conhecimento teórico e aplicação prática são duas coisas muito distintas. Pode-se pressupor que todo profissional na área da nutrição entenda sobre alimentação saudável

“

O guerreiro mais bem-sucedido é o homem comum com um foco semelhante a um raio laser.

BRUCE LEE

e que todo fisioterapeuta conheça os movimentos corretos do corpo humano. Mas isso significa que todo nutricionista se alimenta de forma saudável e que todo fisioterapeuta se move de maneira correta? Provavelmente não. O mesmo vale para o meu conhecimento sobre psicologia positiva e atenção plena, e possivelmente também vale para você e o seu conhecimento sobre os efeitos positivos de priorizar com inteligência, da concentração profunda, da atenção plena e dos bons hábitos. Integrar de fato esses efeitos à vida é totalmente diferente de ler ou falar sobre eles.

Por essa razão, a extensa comunicação com milhares de usuários do *Diário dos 6 minutos* e também com psicólogos e *coaches* foi de suma importância para o desenvolvimento deste novo diário. No fim das contas, os próprios usuários são os melhores conselheiros. O feedback deles nos permitiu construir uma compreensão profunda a respeito do que seria uma articulação ideal entre teoria e prática. Além disso, nós mesmos experimentamos, adaptamos e modificamos o conceito deste diário. Outras pessoas fora do nosso círculo também o testaram. O resultado é a parte prática, que traz uma combinação bem pensada entre atividades estruturadas e tempo livre – de modo que você possa adaptar a estrutura às suas necessidades de maneira flexível. Resumindo: você tem nas mãos uma ferramenta compacta e eficiente para aproveitar, de modo prático e duradouro, os princípios comprovados para chegar ao sucesso com apc nas 6 minutos diários de dedicação a este livro.

4
Estrutura e clareza: você cuidará da sua paz interior num mundo caótico

> *"Você tem um cérebro para ter ideias, não para armazená-las. Ele não é uma máquina de armazenar, é máquina de pensar.*
> DAVID ALLEN

Ainda falta escrever um e-mail gigantesco para os clientes, consertar a máquina de lavar louça, marcar finalmente a consulta no dentista e escrever o discurso para o aniversário da sua mãe. Você conhece essa sensação de ser assombrado por uma montanha de tarefas inacabadas que o impedem de dormir e reaparecem assim que desperta para continuarem a atormentá-lo ao longo do dia. Essa tensão mental se origina da nossa relutância diante de tarefas inconclusas, algo que está profundamente enraizado em nossos genes. Há cerca de 3 milhões de anos, o nosso cérebro se desenvolveu sem a influência de lápis, papel e *smartphones*, portanto não é de admirar que não queira deixar de lado essas tarefas. Afinal, se não fosse assim, elas se perderiam para sempre.[3]

Por um lado, o cérebro garante, por meio de sensações desconfortáveis, que não nos esqueçamos de tudo imediatamente. Por outro, ele esgota a força mental de modo constante e impede que tenhamos foco integral em um determinado assunto. Estudos demonstram que tarefas concluídas somem da mente assim que as terminamos, enquanto as inacabadas são até 90% mais lembradas.[4] Isso quer dizer que o nosso cérebro repete sem parar as coisas que não deveríamos esquecer até que, em algum momento, finalmente nos encarregamos delas. Como é impossível realizar tudo de imediato, só podemos quebrar esse ciclo de tensão mental sendo mais espertos que a voz chata que faz parte do nosso processo evolutivo. A coisa certa é pegar caneta e papel e escrever o que precisa ser feito, pois anotar as tarefas provoca o mesmo efeito de já tê-las realizado.[5] Contudo, não basta rabiscar uma lista gigantesca, porque ela logo sairá do controle, como macacos que escaparam do zoológico, evidenciando o caos.

Para fugir do estado permanente de inquietação, além de anotar as tarefas, ordená-las de acordo com sua urgência ou importância faz toda a diferença.[6] É assim que você consegue entender com clareza que não precisa fazer nada além daquilo que está fazendo no momento e cria as condições necessárias para o trabalho concentrado e a clareza de espírito. Só assim você conseguirá mergulhar fundo em suas tarefas.

Não existe um jeito certo de selecionar tarefas: o que importa mesmo é que você encontre um jeito só seu. É por essa razão que a rotina diária dos 6 minutos oferece uma combinação bem dosada entre atividades estruturadas e tempo livre. Na parte conceitual do livro, recomendamos as técnicas

> *A riqueza de informação provoca a pobreza de atenção.*
>
> HERBERT SIMON

comprovadas; na parte prática, deixamos espaço livre para você adaptar, de maneira flexível, a realização das tarefas de acordo com suas necessidades. O principal é que você esteja no controle e informe às suas tarefas quando vai chegar a vez delas – e não o contrário. Com o *Diário do sucesso* você reconquistará o seu senso interior de organização e se livrará do caos em sua mente. E vai permanecer estável e em equilíbrio enquanto o mundo gira em torno de você.

5
Pouco esforço, grandes resultados: com pequenos hábitos você alcança grande sucesso

Quantas vezes você já não esteve supermotivado ao começar um novo projeto? Acordar todo dia às cinco da manhã, fazer ioga duas vezes na semana, pôr de pé seus sonhos, não comer mais carne ou aprender uma língua estrangeira. Cheio de entusiasmo, você fez grandes planos, só para cair novamente nos antigos padrões de comportamento. As estatísticas mostram que esse cenário é bastante comum. Apesar de a grande maioria começar cada novo ano com boas intenções, 88% não conseguem realizar seus objetivos.[7] Por que isso acontece? Quase todos nós já ouvimos conselhos do tipo "Você só precisa ir atrás dos seus objetivos com todas as suas forças!" ou "É só segurar as pontas e aguentar até o fim!". Essa não é só a típica opinião

"

Os seres humanos, por natureza, são semelhantes;
os hábitos os diferenciam uns dos outros.

CONFÚCIO

dos livros de autoajuda tradicionais. Gostamos de contar a nós mesmos esse tipo de história. Muitas vezes pensamos "Mas não tenho força para aguentar" ou "Se eu realmente quisesse, teria conseguido". A causa principal de objetivos que não se concretizaram não é falta de força de vontade ou de habilidade. Longe disso, é a falta de hábito. Pessoas "disciplinadas" são aquelas que se habituaram a um comportamento correto.

A rigor, ninguém nasce disciplinado, assim como ninguém ganha um corpo musculoso sem treino. A fonte diária da nossa força de vontade é um recurso limitado.[8] Depois de fazer mil agachamentos, você não conseguirá subir escadas correndo. Da mesma forma, depois de resistir a muitas tentações, sua força de vontade já não será mais tão eficiente. Por essa razão, depois de um dia de trabalho extenuante preferimos apelar para uma barra de chocolate ou tomar um segundo copo de vinho. Pela mesma razão, excesso de estudo antes de uma prova leva a excessos na comemoração depois da prova. Mesmo que esses deslizes não nos deixem satisfeitos, nós os aceitamos como fatos da vida. Encontrar força de vontade para controlar atitudes como essas o dia inteiro dá muito trabalho. Por que deveríamos nos perguntar o tempo todo o que é melhor para a nossa saúde? Não poderia ser muito mais fácil? Por que analisar cada pequena decisão cotidiana e, ao fazê-lo, desperdiçar a nossa valiosa força de vontade? Tomar refrigerante ou água? Treinar na academia ou maratonar uma série na Netflix? Comer uma salada de frutas ou tomar um sorvete? Seria muito mais fácil estabelecer o hábito de uma alimentação saudável para depois se ver livre da luta recorrente de ter que fazer escolhas.

O mesmo vale para a sua rotina diária de trabalho e para todas as outras áreas da sua vida: no começo, você precisará de força de vontade para exercitar os hábitos que o levarão a alcançar seus objetivos. Mas, a partir do momento em que um hábito bom tenha se enraizado, você não precisará decidir de novo a cada vez. Será capaz de fazer no piloto automático todas as coisas boas que pouco antes requeriam superação e motivação. Isso significa que você investe energia até o momento em que o comportamento desejado se encontre firmemente entranhado em sua cabeça – o que, em média, leva 66 dias.[9] Pessoas que alcançam seus objetivos nem sempre são disciplinadas – apenas escolhem os hábitos certos com mais frequência e só precisam disciplinar-se até interiorizarem esses hábitos. Elas utilizam a sua força de vontade (limitada) de maneira mais inteligente.

> “*Primeiro nós fazemos nossos hábitos, depois nossos hábitos nos fazem.*
> JOHN DRYDEN

Uma vez que a força de vontade é um recurso limitado, você não conseguirá criar vinte hábitos ao mesmo tempo. Por isso, é fundamental que faça uma seleção inteligente das rotinas nas quais quer se concentrar. Estudiosos do comportamento humano comprovaram que é muito mais eficiente investir energia, disciplina e força de vontade na criação de determinadas rotinas, que são chamadas de "hábitos-chave":[10] praticar esporte, meditação, ler ou manter um diário[11] são os principais exemplos. Foi assim que, por meio de um estudo, o renomado psicólogo social Roy Baumeister tentou fazer com que os participantes desenvolvessem um estilo de vida mais saudável. Em vez de explicar com todos os detalhes como eles poderiam viver de maneira melhor, Baumeister deixou que comparassem seus respectivos pesos durante dois meses. A partir de um hábito positivo, outros se desenvolveram automaticamente: os participantes comeram melhor, reduziram o consumo de álcool, passaram a estudar mais na universidade e ajudaram mais em casa. Uma vez que se tornem parte da sua vida, os hábitos-chave adquirem uma dinâmica própria: se estendem para outras áreas e, assim, facilitam a construção de outros hábitos mais desejáveis.

Este diário foi concebido para que você, com um esforço mínimo, consiga integrar muitos hábitos novos e benéficos à sua vida. Esses hábitos são, por exemplo, gratidão, foco diário na tarefa mais importante, priorização inteligente de suas responsabilidades cotidianas ou o cuidado consigo mesmo todos os dias por meio da pausa para recarregar. Portanto, o *Diário do sucesso* é por si um hábito-chave que, com o passar do tempo, levará a outros hábitos bons sem muito esforço. Você utiliza a sua força de vontade limitada de modo inteligente e assegura que correrá atrás de seus objetivos passo a passo, hábito por hábito, até ter alcançado o que deseja.

6
Você alcança objetivos que completam a sua vida e não a sua agenda

No fundo você gosta do seu trabalho, mas sente que faltam desafios e ainda não está plenamente feliz. Tem um relacionamento amoroso, mas nos últimos tempos surgiu uma sensação desagradável da qual não consegue se livrar. Você se sente confortável no lugar onde mora hoje, mas acha que em outro local estaria mais perto de seus amigos. Todos nós conhecemos esse sentimento de que algo precisa mudar em nossa vida. Quando o mundo exterior já não coincide

> “*Shrek: 'Ogros são como cebolas.' Burro: 'Eles fedem?' Shrek: 'Não, eles têm camadas.'*”
>
> DO FILME *SHREK*

com o mundo interior, por intuição, primeiro tentamos mudar algo no mundo exterior e nos perguntamos diretamente: "O QUE eu quero? E COMO consigo chegar lá?" Em geral, o foco mental é dirigido para o resultado final e para o caminho que, de preferência, nos levará aonde queremos chegar sem nenhum tipo de desvio: a um trabalho melhor, ao parceiro que tem mais a ver conosco ou à casa nova. Mentalmente, nos agarramos tanto ao "O QUÊ" e ao "COMO" que não nos sobra tempo para fazer em paz uma pergunta bem mais importante: "POR QUE eu quero isso?"

Em certo sentido, somos como cebolas. As mudanças costumam acontecer em uma das três camadas a seguir: na mais externa estão os nossos objetivos ou "O QUÊ": a promoção, o corpo dos nossos sonhos, o relacionamento perfeito ou a medalha de ouro, por exemplo. A segunda camada, a do meio, engloba o "COMO", ou seja, as ações necessárias para alcançar nossos objetivos, como a construção de novos hábitos na alimentação, no trabalho ou na postura em relação às finanças. No centro da cebola se encontra o "POR QUÊ": nossos valores, nossas crenças mais íntimas e também nossas maiores forças motrizes. No trabalho ou na escolha de um parceiro, valores como humildade, honestidade e harmonia levarão a decisões inteiramente diferentes daquelas tomadas a partir de valores como independência, excelência e sucesso.

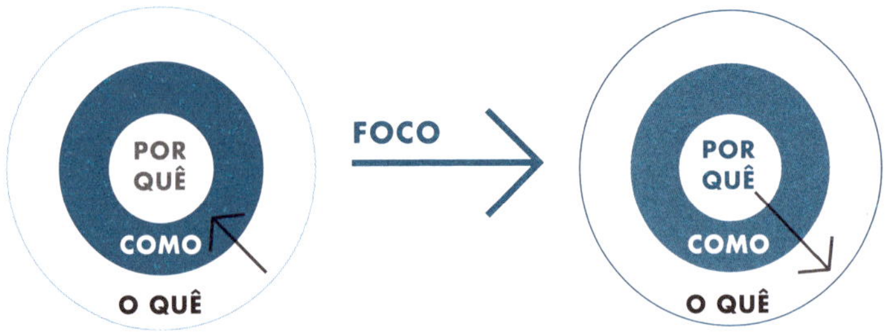

Pensar em termos das três camadas da cebola é importante para os seus objetivos e metas. O fator determinante, porém, é a direção dos nossos movimentos através das camadas. Eles deveriam partir da base sólida dos valores em direção aos objetivos: não de fora para dentro (como na figura à esquerda), mas de dentro para fora (como na figura à direita). Estudos mostram que a adesão às metas aumenta quando elas estão firmemente ligadas às nossas maiores forças motrizes, ou seja, aos nossos valores.[12] Muitos dos principais especialistas na área do desenvolvimento pessoal – como Mark Manson,[13] James Clear[14] e Simon Sinek[15] – concluíram em seus livros que uma mudança positiva a longo prazo só funciona se os valores são o ponto de partida para essa mudança.

É por essa razão que, no *Diário do sucesso*, trabalhamos a tríade de forma consciente: valores, metas e hábitos. Ao se conscientizar sobre seus valores, você pode desenvolver hábitos condizentes com suas necessidades mais íntimas. Partindo dos valores como um fundamento forte, você viverá o POR QUÊ, o COMO e o O QUÊ, dia após dia, em harmonia. Com o POR QUÊ indicando um caminho claro, você perseguirá objetivos que completam a sua vida em vez de somente preencher sua agenda.

> ***Em vez de se perguntar quando serão suas próximas férias, você deveria criar uma vida da qual não precise escapar.***
>
> SETH GODIN

Um diário

se transforma naquilo que você faz dele

Este diário pode realmente mudar a sua vida?

Sem a sua participação, este diário não passa de uma pilha de papel com linhas e tinta. Você não consegue usá-lo para sacar dinheiro no caixa eletrônico nem como um travesseiro para dormir melhor. Ele não serve nem mesmo como haltere.

O que dará vida aos elementos cientificamente fundamentados deste diário são sua decisão, seus pensamentos e seus sentimentos. Somente preenchendo-o é que as palavras no papel se transformam em sucesso verdadeiro. É você quem fará do diário tudo aquilo que ele tem o potencial de ser – assim começa a grande mudança dentro de você. O *Diário do sucesso* não é um livro milagroso, e sim um manual prático que depende do uso que você dá a ele.

> “
> ***Sucesso tem cinco letras: FAZER!***
> J. W. GOETHE

> “
> ***Pessoas bem-sucedidas procuram circunstâncias de que precisam e, se não as encontram, criam elas mesmas.***
> HERÓDOTO

A filosofia

sobre o livro que você tem nas mãos

1. Menos é mais

Alguns hábitos simples e eficazes, que fazem toda a diferença na sua vida, são muito mais importantes que uma centena de técnicas complicadas. É por isso que eliminamos deste livro tudo aquilo que não é absolutamente essencial e fizemos a mesma pergunta mais e mais vezes: "Poderia ser ainda mais simples?" Minimalismo não significa abrir mão de tudo, mas se libertar justamente do que não tem utilidade. O diário deve apoiar você no dia a dia sem sobrecarregá-lo. É por isso que falo em 6 minutos, não em 30. É um diário para quem não tem tempo para ter um.

2. A nossa semana tem 6 dias

Neste livro, todas as coisas boas vêm atreladas ao número 6: você investe em seu sucesso por 6 minutos diariamente e, depois de 66 dias, pode se congratular por ter criado hábitos novos e positivos. Você logo vai notar que a semana neste livro não tem 5 nem 7, mas 6 dias – uma decisão consciente. Quando se trata do projeto dos seus sonhos, muitas vezes uma semana de cinco dias não é o suficiente, por mais que precisemos de tempo livre com regularidade. Não é à toa que culturas de todos os tipos celebram pelo menos um dia livre na semana. Caso haja uma ocasião em que precise de um sétimo dia, você pode pegar uma caneta de outra cor e utilizar a mesma página duas vezes.

3. A estrutura não é gravada em pedra

No esporte, cada modalidade tem regras estritas. Dentro do conjunto de normas, porém, cada jogador tem a sua maneira de jogar. O mesmo se aplica ao *Diário do sucesso*: para não ficar chato, você pode criar as suas regras. Pode, por exemplo, dividir o seu foco diário em profissional ou pessoal, ou até mesmo direcioná-lo apenas para o lado pessoal. Preencha a estrutura do jeito que funcionar melhor para você. O que importa é estabelecer prioridades e não perder de vista tarefas e prazos. Encontrar um estilo próprio é uma arte, e muitos são os caminhos que levam a Roma e ao sucesso.

4. Um bom começo é a chave de tudo

Passarinho que acorda cedo bebe água limpa. De manhã, sua mente está mais clara e sua força de vontade, recarregada. Por isso, recomendamos que você aproveite intensamente as horas matinais. Eu preencho o diário como primeiro ato oficial do meu dia de trabalho, ainda durante o café, mas você pode começar logo depois de acordar. Você decide qual é a melhor forma de integrar a rotina dos 6 minutos em seu dia. Se preferir fazer planos à noite, fique à vontade. O importante é que o diário o acompanhe ao longo do dia para que você possa dar uma olhada nele de vez em quando. Assim nunca vai perder o foco no que de fato importa.

5. Pequenos obstáculos, mais conquistas

Com pequenos passos se chega longe. Em vez de criar uma lista de tarefas com projetos gigantescos que, no fim, você não conseguirá cumprir, limite o tamanho de seus desafios. Assim você mata dois coelhos com uma cajadada só: celebra sucesso atrás de sucesso e ainda mantém o bom humor, garantindo diversão no processo. E avança, mesmo que vagarosamente no início, em direção ao seu objetivo de maneira contínua. Melhor de tudo, sem se sobrecarregar. A cada dia você se aproxima mais do que quer na vida, um passo por vez, um hábito por vez.

> “*Pequenos feitos são melhores do que grandes planos.*
>
> GEORGE C. MARSHALL

6. Falhar não é fracassar

Talvez você precise pular o preenchimento do diário por alguns dias. Faz parte. O importante é não entrar na lógica do "É tudo ou nada", pois isso inibe o seu progresso e só vai deixá-lo com peso na consciência. Em vez de se sentir mal, permita-se recomeçar escrevendo somente o foco do dia ou o seu elemento favorito, por exemplo. O importante é colocar a roda para girar de novo e reencontrar a sua rotina. O resto é consequência.

> “*Nunca é cedo demais para planejar o sucesso de amanhã.*
>
> ERNST FERSTL

Os fundamentos

... os princípios teóricos por trás deste livro prático

Quando você pensa em pessoas bem-sucedidas, quem vem primeiro à mente e por quê? O que significa sucesso para você? Enquanto escolhíamos o título deste livro, eu percebia quanto a palavra "sucesso" soa como clichê para muitos e ainda contém uma carga negativa. Ao relacionar sucesso à vida, muitas pessoas logo imaginam donos de iate, medalhistas de ouro e grandes investidores. Pensam em aplausos estrondosos, na infinita sede por reconhecimento e em cerimônias de premiação com direito a banho de champanhe. Coisas que raramente se tornam realidade. São objetivos tão ambiciosos que nos desanimam em vez de nos inspirarem. Com muita frequência, o sucesso é associado a uma vida que gira em torno de setenta horas semanais de trabalho, ascensão profissional e valores materiais. Histórias como "De lavador de pratos a milionário" ou crenças do tipo "Você pode ter o que quiser" são típicas da literatura de desenvolvimento pessoal e, não sem razão, frequentemente classificadas como propaganda motivacional ou promessas irrealistas feitas por gurus. Não é de admirar, portanto, que muitas pessoas não consigam mais se identificar com a palavra "sucesso" e fujam dela. Como já dissemos, este livro é sobre a sua definição pessoal e profissional de sucesso – não importa se você está em busca de paz interior, dinheiro, serenidade, independência ou amor. Tão individual quanto a sua definição do sucesso é o caminho para chegar até

> "*Ser bem-sucedido significa gostar de si mesmo, gostar do que faz e gostar de como se faz.*
>
> MAYA ANGELOU

ele. O importante é que suas metas se ajustem aos seus desejos e às suas necessidades, e não a expectativas alheias.

Os fundamentos deste diário se dividem em três partes. Na primeira e na segunda são explicados os princípios básicos do foco e do hábito – a base teórica do diário. Quem aprende a utilizá-los da maneira correta estabelece um grande alicerce para o sucesso pessoal. Na terceira parte você vai refletir sobre seus valores pessoais e posicionar suas metas de acordo com eles. Tanto faz se você quer deixar a sua marca no universo, se quer se tornar independente por meio de um curso on-line de crochê, ser promovido ou emagrecer cinco quilos, os princípios básicos estão por trás de quase todas as formas do sucesso. São atemporais e ainda serão relevantes no ano 2500. Mesmo que você já esteja familiarizado com alguns desses princípios, a enxurrada diária de responsabilidades e necessidades faz com que frequentemente os perca de vista. Enquanto a teoria amplia ou aprofunda o seu conhecimento sobre os princípios do sucesso, na parte prática você vai treiná-los e aplicá-los todos os dias para garantir que, de maneira lenta mas progressiva, se tornem hábitos "quase" inatos.

O PRIMEIRO FUNDAMENTO

Foco

A habilidade mais importante do século XXI

A atenção é um recurso limitado e ter foco significa ser capaz de usá-la de modo consciente. Ironicamente, empresas vivem hoje do fato de você não conseguir fazer isso. Você pode pular de videoclipe em videoclipe, rolar fotos de pessoas que conhece mais ou menos bem, ver séries ou ler notícias. Do ponto de vista comercial, todas essas atividades são importantes, porque o rumo que a sua atenção toma, no fim, vai decidir o destino do seu dinheiro. Não é de admirar que gigantes da tecnologia, como Facebook, Google e outros, se tornem cada vez mais habilidosos em controlar a nossa atenção para ganhar dinheiro. Quanto mais tempo você gasta nos vários canais on-line, maior é a probabilidade de que entre em contato com anúncios, informações sobre produtos ou ofertas de assinaturas. A nossa atenção é a verdadeira moeda dos tempos atuais.[16] Por essa razão, é cada vez mais importante que aprendamos a controlá-la em vez de permitir que seja controlada por outros.

Com a crescente importância da internet e dos *smartphones*, o número de pessoas incapazes de dispor da própria atenção parece ser cada vez maior. Nesse sentido, o foco se torna mais raro e também mais valioso. O lado bom é que a capacidade de dar atenção a uma única coisa por muito tempo é como uma ação da bolsa cujo valor sobe exponencialmente. Quanto mais cedo você investir nessa ação, mais vai lucrar com ela. E o que é ainda melhor: com a compra deste livro, você já investiu em uma ação.

O foco não é importante só porque é raro. É importante também porque vai determinar o seu sucesso e a sua felicidade. Aquilo que você costuma perceber ou ignorar caracteriza quem você é e quem você vai ser. Sendo assim, a sua atenção define a sua realidade, não importa se o que está em jogo são preocupações ou medos pessoais, notícias sobre terrorismo ou catástrofes naturais, postagens sem sentido nas redes sociais ou estresse no trabalho – algumas das coisas que capturam a nossa percepção e nos distraem. Porém, quanto mais focado você estiver, mais estável será o seu escudo protetor. Consequentemente, você será capaz de repelir distrações indesejadas e impedir que cheguem a sua consciência.

O foco também funciona como um ímã que atrai todas aquelas atividades que dão prazer: ajuda a estreitar amizades e relacionamentos porque você vai presentear as pessoas com o seu tempo e com a sua atenção, ofertados de modo consciente. No trabalho, o foco ajuda a alcançar um estado pleno de atenção porque torna você mais produtivo e criativo e mais feliz.[17] A capacidade de manter o foco influencia diretamente a qualidade de vida.

Os dois vampiros do foco

... e por que são tão insaciáveis

Antes de entendermos melhor como podemos aprimorar o foco, observemos os dois vampiros que sugam constantemente a concentração e enfraquecem o escudo protetor – muitas vezes, sem que nos demos conta. Então, em primeiro lugar, vamos refletir sobre as coisas que não podemos controlar completamente para depois passarmos àquelas que conseguimos influenciar.

O PRIMEIRO VAMPIRO
TER FOCO NÃO FAZ PARTE DA NOSSA GENÉTICA

Mesmo que nada nem ninguém nos distraia dos nossos objetivos, isso não quer dizer que conseguiremos nos concentrar numa só coisa por muito tempo. Os principais culpados disso são os nossos genes. Imagine que, ao acender uma fogueira, confeccionar armas ou coletar frutos, nossos ancestrais estivessem tão concentrados no que faziam que sombras suspeitas ou um barulho no mato passassem despercebidos. Nesse caso, seriam vítimas frequentes de predadores. Você jamais poderia ler esta frase se a espécie humana tivesse entrado em extinção. Do ponto de vista evolutivo, fazia mais sentido tocar cem vezes um alarme falso do que um tigre-dentes-de-sabre passar despercebido uma única vez. As nossas distrações eram questão de vida e morte.

Hoje ainda existem situações que nos distraem, mas é pouco provável que na rotina diária de um escritório nos deparemos com feras malvadas e cobras venenosas ou alguns dos novos perigos da atualidade, como carros velozes. Espirros, tosse, chamadas telefônicas ou o latido de cães já não tiram a nossa concentração e também não definem a nossa sobrevivência. Mas nossa distração impede que realizemos um trabalho significativo e criativo, além de atrapalhar a nossa serenidade e a nossa paz interior. Basicamente, somos guiados por um cérebro que não teve tempo suficiente para adaptar-se ao nosso novo habitat, um cérebro que entende que é perigoso ter 100% de foco numa mesma atividade por um tempo prolongado. Devemos nos conscientizar de que não conseguiremos desligar a nossa distração por completo.

O SEGUNDO VAMPIRO
MUITAS POSSIBILIDADES E OPINIÕES ATRAPALHAM O FOCO

Tomamos em média 20 mil decisões todos os dias:[18] é melhor comprar um PF, o cachorro-quente da esquina ou esquentar os restos de ontem à noite? É melhor passar as férias no Caribe, em Fernando de Noronha ou em casa? As possibilidades de escolha não pararam de crescer nos últimos vinte anos e, por isso, ficou mais difícil decidir o que consumir e como organizar nossa vida. Ontem, manter-se num único emprego a vida inteira era visto como algo louvável; hoje, muitas pessoas trocam de carreira com mais frequência do que trocam de roupas íntimas. O número de possibilidades nos âmbitos público e privado é esmagador: existem centenas de cursos de graduação, especialização ou livros sobre um mesmo tema, inúmeros prestadores de um mesmo serviço, milhares de produtos que se diferenciam uns dos outros por nuances ou pela maneira como são comercializados.

Existem cada vez mais possibilidades e, paradoxalmente, cada vez menos tempo, porque gastamos horas e horas com a escolha do melhor plano de celular, do tipo certo de chá ou da pasta de dentes ideal. Consequentemente, há cada vez menos tempo para cada decisão, e a qualidade das nossas escolhas decai. Trata-se de um fenômeno que os psicólogos chamam de "fadiga de decisão".[19] Por não enxergarmos mais a floresta, de tantas árvores que há, a longo prazo perdemos a capacidade de diferenciar aquilo que é importante daquilo que não é. Perdemos o foco.

Desde o começo da era da internet, as possibilidades de escolha e a influência de diferentes opiniões sobre as nossas decisões cresceram exponencialmente. Há 25 anos, não existia uma única pessoa com perfil no Twitter, no LinkedIn ou no Facebook; um SMS custava 39 centavos[20] na Alemanha, e uma ligação por celular custava cerca de dois marcos alemães por minuto (algo em torno de 6,40 reais).[21] O custo e as despesas com comunicação eram tão altos que só o indispensável era feito por intermédio da tecnologia. Por essa razão, as únicas opiniões que chegavam ao seu campo de percepção eram as de sua família, amigos, colegas de trabalho, vizinhos e, no máximo, do jornal local.

Hoje, com a internet, qualquer pessoa pode alardear o próprio ponto de vista sobre qualquer coisa sem muito esforço e, assim, além do excesso de informação, você se vê confrontada com uma montanha de opiniões. Não importa se é por meio de imagens ou palavras, se é através de seguidores ou *likes*, avaliações e julgamentos cruzam constantemente o seu campo de percepção e, mesmo de maneira inconsciente, "prescrevem" aquilo em que você deve se concentrar. Qualquer um dá a sua opinião a qualquer um e a qualquer hora. Isso se torna um problema porque o nosso cérebro não consegue distinguir entre uma conversa real e uma conversa virtual.[22] A reação biológica diante de um comentário crítico no Instagram ou de um e-mail irritante é a mesma que teríamos caso o interlocutor estivesse bem ao nosso lado. É difícil manter o foco, pois os pensamentos turvam-se o tempo inteiro por causa de pequenos juízos de valor feitos digitalmente por outras pessoas.

Os vampiros do foco são parte de nossas vidas. Eles sugam o nosso foco e podem tanto vir de fora – a exemplo da opinião dos outros – como de dentro da nossa cabeça. Ambos são igualmente comuns.[23] A boa notícia é que o livro que você tem nas mãos vai ajudar a minimizar as distrações externas e, ao mesmo tempo, auxiliar você a ficar mais esperto que os seus guardiões evolutivos, que viviam em alerta. A ciência comprovou que o cérebro pode ser trans-

> *Quem se deixa distrair com facilidade tem que aceitar muitos desvios no caminho.*
>
> ERNST FERSTL

formado por meio da repetição proativa e, sobretudo, pela repetição diária.[24] Com os métodos certos, o foco pode ser aprendido, como qualquer outra habilidade. É possível também fazer dele um hábito que, em algum momento, não mais exigirá tanto de você.

Os dois mitos sobre o foco

... e como você pode escrever seu próprio final feliz

Uma vez que aquilo que sabemos (e aquilo que achamos que sabemos) influencia as nossas ações diárias, agimos muitas vezes com base em coisas que nos contaram e que, ao longo da vida, ficaram gravadas na nossa mente. Do mesmo modo que um cupim se instala sorrateiramente num armário e, dia após dia, corrói a madeira, as inverdades aninham-se em sua cabeça de modo imperceptível. Somente quando descobrir o invasor é que você poderá se livrar dele e reconquistar o armário. O mesmo princípio vale para certas crenças erradas que sabotam o foco e, consequentemente, o sucesso. Assim que você percebe como essas crenças o arrastam para algo prejudicial, pode detê-las e convencer seu cérebro do contrário. Desse modo, você desfaz bloqueios pessoais que atrapalham o sucesso e libera o caminho para os próximos passos na direção certa. Agora chega de conversa: vamos olhar mais de perto os mitos sobre concentração.

O PRIMEIRO MITO "TUDO É IMPORTANTE"

Priorizando, eles viveram felizes para sempre

A palavra "prioridade" significa "algo que vem primeiro ou é mais importante" e foi usada exclusivamente no singular por mais de quinhentos anos. Somente no século XIX é que o plural "prioridades" encontrou seu lugar nos dicionários.[25] Embora só possa existir uma única coisa por dia, e por área da vida, que é de fato a mais importante, a introdução desse plural teve reflexos no nosso cotidiano. Não existe mais uma prioridade; os projetos são classificados de acordo com prioridade número um, dois, três e, em alguns casos, a contagem chega a nove ou dez. Uma consequência direta disso é que muitas coisas são o "que vem primeiro ou é mais importante" e, no fim, tudo importa e nada importa. Sem perceber, vivemos no mundo mágico do "tudo é importante".

Por que pensamos que "tudo é importante"?

Você conhece a sensação de estar soterrado por tarefas? De que está trabalhando muito enquanto novas tarefas cobrem você como ondas? Antes que o nível da água aumente a ponto de afogá-lo, você tenta nadar contra as ondas. Enfrenta listas gigantescas de tarefas e infinitas marés de e-mails, sem falar nas obrigações de âmbito privado e de suas ambições sociais ou esportivas. A verdade, no entanto, é que essa luta não termina, pois muitos deveres e obrigações acabam ficando para trás. Você nunca vai conseguir fazer tudo aquilo que quer fazer ou é obrigado a fazer.

Ainda assim, é o que acontece muitas vezes, porque tudo

parece importante e mergulhamos numa diligência frenética. Durante a maior parte do tempo, agimos de forma reativa e trabalhamos naquilo que se impõe diante de nós em vez de planejar e agir de forma proativa. O problema é que as tarefas que mais clamam por atenção quase sempre são as mais urgentes, porém raramente são as mais importantes. Em geral, as tarefas que determinam o seu sucesso pessoal são as que têm importância hoje, mas que (ainda) não são urgentes. Como cada um de nós, até certo ponto, trabalha sob a pressão de fatores externos, ter um foco claro e proativo é ainda mais importante.

Quando agimos de maneira reativa, podemos até ser esforçados e ativos, mas não produtivos. Enfrentamos uma luta inglória com as ondas que não param de nos atingir. Como disse o especialista em atenção plena Jon Kabat-Zinn: "Você não consegue deter as ondas, mas pode aprender a surfá-las." Podemos treinar uma maneira diferente de lidar com as nossas tarefas e obrigações. Em vez de lutar contra as ondas, podemos observar atentamente como se aproximam e decidir quais vamos deixar passar e quais queremos surfar.

Reativo x proativo – você ainda reage ou já pôs a mão na massa?

Agora é o momento decisivo de separar o joio do trigo. O momento em que pessoas bem-sucedidas descobrem quais

> *Não basta ser esforçado, pois as formigas também o são. A pergunta é: pelo que nos esforçamos?*
>
> HENRY DAVID THOREAU

prioridades realmente fazem diferença em suas vidas. É também a hora em que aqueles que estão lutando contra as ondas "não têm tempo" para respirar, porque a próxima já se aproxima. Muitas pessoas não alcançam o sucesso não porque falte vontade a elas ou porque não tenham habilidades, mas porque não sabem estabelecer prioridades. E lembre-se: priorizar significa estabelecer *uma* prioridade e não classificar prioridades de 1 a 10. E estabelecer justamente aquela única prioridade para cada área da vida é, talvez, uma das habilidades mais subestimadas. No futuro, haverá dois tipos de pessoa: aquelas que são reativas e deixam que fatores externos conduzam sua atenção e, consequentemente, suas prioridades; e aquelas que podem dizer de si mesmas, com muito orgulho, que são proativas e focadas. Com o *Diário do sucesso,* você começa o seu dia de forma autossuficiente e transformadora. Em vez de flutuar na arrebentação como uma boia, você pula sobre a prancha e decide quais ondas vai surfar.

QUASE NADA É IMPORTANTE

A esta altura, estamos de acordo que ter prioridades inteligentes é essencial para o seu sucesso. Se há sempre tantas coisas a fazer, a pergunta é: como decidimos o que é importante em dado momento? No século XIX, o economista italiano Vilfredo Pareto descobriu um princípio útil para responder a essa pergunta. Absolutamente por acaso, Pareto detectou que a riqueza da Itália estava distribuída de forma bastante desigual: 80% de toda a fortuna se concentrava em apenas 20% das famílias. Nos anos seguintes, ele observou que, em quase todas as indústrias e empresas, 80% dos resultados eram alcançados com apenas 20% do esforço total. Foi assim que nasceu o Princípio de Pareto, também conhecido como a regra 80/20.

Isso significa que, com 20% do seu esforço total, você consegue alcançar 80% do sucesso.

Até hoje verificamos que praticamente todas as atividades obedecem ao Princípio de Pareto: 20% dos produtos de uma empresa são responsáveis por 80% dos lucros.[26] Oitenta por cento do tráfego na internet concentra-se em 20% de todos os sites.[27] Vinte por cento dos funcionários são responsáveis por 80% das vendas.[28] E você também, com 20% do seu tempo, é capaz de alcançar 80% dos resultados. A regra do 80/20 é uma lei universal tão real quanto a lei da gravidade. Aqui a questão reside menos na exata proporção entre 80 e 20 e mais em como uma pequena parte da entrada é responsável por uma grande parte da saída. A regra do 80/20 desmente o mito de que tudo é importante, pois, no mundo do sucesso, poucos esforços respondem pela maioria dos resultados e das recompensas.

Se você tem uma lista com dez tarefas, é provável que duas tenham mais valor e sejam mais importantes do que as outras oito juntas – e isso ainda seria válido se todas as dez exigissem a mesma quantidade de tempo para serem executadas. No mundo real, muitas vezes esse desequilíbrio é ainda maior. Steve Jobs nos fornece um belo exemplo prático: quando voltou para a Apple após uma ausência de dez anos, eliminou, em dois anos, 340 de um total de 350 produtos.[29] Com isso, o trabalho foi interrompido em 97% de todas as linhas, independentemente de quanto já se havia investido nelas antes. E, ainda que Steve Jobs tenha sido muito criticado, essa decisão à Pareto rende até hoje, porque, mesmo com esses poucos produtos – principalmente o iPhone e o MacBook –, a Apple é uma das três empresas com valor de mercado acima de 1 trilhão de dólares, ao lado da Amazon e da Microsoft.

O surpreendente na regra do 80/20 é que pouquíssimas pessoas a conhecem ou a utilizam em prol de suas ambições pessoais e profissionais, ainda que quase todas as empresas bem-sucedidas a utilizem em decisões estratégicas. Com este *Diário* nas mãos, você assegura que a regra do 80/20 ultrapasse a barreira do mundo dos negócios e entre na sua vida. Ao se concentrar nos 20% de esforços, você alcançará suas metas muito mais rapidamente.

Aplique Pareto em sua vida privada – e você terá mais tempo para viver

Se olhar de perto, vai observar essa relação desigual entre esforço e resultado em quase todas as áreas de sua vida:

- **Relacionamentos:** das pessoas com quem você convive, quem são os 20% que proporcionam 80% de seu bem-estar?
- **Alimentação:** dos alimentos que você consome, quais são os 20% que representam 80% de sua nutrição?
- **Bens:** das roupas em seu armário, quais são os 20% usados por você em 80% do tempo?

As respostas a essas perguntas não são difíceis, não é verdade? Tomemos como exemplo a última: sobretudo no

Hemisfério Ocidental, quase todas as pessoas têm roupas de mais e utilizam somente uma pequena parte delas.[30] Como a especialista japonesa em organização Marie Kondo demonstra em seu best-seller *A mágica da arrumação*, libertar sua casa de tudo aquilo que não traz alegria faz de você uma pessoa mais autoconsciente e também mais equilibrada e satisfeita.[31] Estudos e experiências demonstram que, se você se desfaz de coisas inúteis, liberta seus pensamentos de um peso desnecessário. Embora você mesmo já saiba, é provável que falte o jeito certo de se desfazer de tudo que só serve para juntar poeira. Uma opção para uma abordagem sistemática seria fazer as perguntas certas com regularidade (e isso vale para qualquer área da vida). Por exemplo: "Esta peça de roupa tem algum valor sentimental para mim?" ou "Se ela já não fosse minha, quanto eu estaria disposto a pagar por ela?". Se a resposta for "Não" ou "Nada", o destino da peça já está selado. Portanto, uma vez ao mês você levará para o brechó de sua preferência tudo aquilo que não quer mais manter. O exemplo pode soar banal, mas, sem um sistema fácil e viável, que transforme as suas intenções em realidade, é isto que elas nunca deixarão de ser: intenções.

Resumindo: não basta decidir quais são os 80% que você não quer em sua vida. Você precisa de uma abordagem sistemática para separar, de uma vez por todas, as coisas que não fazem parte dos 20% essenciais. **Utilizando o campo do foco em seu planejamento da semana e a rotina diária dos 6**

"

As pessoas pensam que estar focado significa dizer sim a todas as coisas que estão ao seu alcance. Na verdade, significa dizer não a uma centena de outras ideias boas.

STEVE JOBS

minutos, você faz pela sua vida o que um *coach* de arrumação faria pelo seu armário: limpa o que não agrega valor e se concentra de modo sistemático e preciso naquelas coisas que farão de você uma pessoa mais feliz e bem-sucedida.

O SEGUNDO MITO
"FAÇO MAIS COISAS SENDO MULTITAREFA"

> "*Quem caça dois coelhos ao mesmo tempo não vai pegar nenhum.*
> CONFÚCIO

A multitarefa é a tentativa de executar vários trabalhos ao mesmo tempo, enquanto a monotarefa diz respeito a estar envolvido com uma única incumbência até concluí-la. Tanto faz se for multimilionário, multicultural ou multivitamínico, o prefixo "multi" evoca associações positivas. "Mono" remete a monótono e soa lento e enfadonho. Em diversas páginas dedicadas a carreiras profissionais, a multitarefa é exaltada como uma habilidade desejável. Em muitas entrevistas de emprego, os contratantes perguntam especificamente sobre as habilidades de multitarefa. Contudo, psicólogos e neurocientistas são unânimes ao afirmar que a multitarefa não passa de uma ilusão. De maneira similar às "prioridades", a palavra "multitarefa" é uma invenção do século XX que conseguiu sair do dicionário e entrar no nosso dia a dia. Originalmente, a palavra não tinha nada a ver com pessoas: estava relacionada à habilidade de um computador em saltar de uma tarefa a outra em fração de segundo. Multitarefa não significava executar duas coisas ao mesmo tempo, mas uma após outra num piscar de olhos. Foi assim que surgiu a ilusão de que várias tarefas poderiam ser feitas ao mesmo tempo.

Hoje, defensores da multitarefa gostam de mencionar que as pessoas fazem coisas diferentes ao mesmo tempo a todo instante. Em princípio, isso é possível se uma das atividades for um processo absolutamente rotineiro, aquele que o nosso cérebro consegue reproduzir durante o sono. Portanto, somos perfeitamente capazes de desempenhar duas ações ao mesmo tempo, mas não somos capazes de nos concentrar em ambas simultaneamente. Você consegue, por exemplo, cozinhar enquanto fala ao telefone, mas ou você prova a sopa e entende somente metade da frase do seu interlocutor, ou está completamente imerso na conversa e deixa a sopa cozinhar demais. É impossível executar dois processos mentais ao mesmo tempo – sobretudo se tivermos que tomar decisões conscientes. O que o cérebro faz nesses casos é passar rapidamente de um processo mental para outro.

O problema é que não somos computadores e essas trocas constantes estão longe de ser transições perfeitas. Não importa se nós mesmos tenhamos decidido mudar de tarefa ou nos distraído com algo alheio a nós: toda interrupção faz sua produtividade despencar sem piedade. O importante aqui não é quanto dura a interrupção, mas sim a interrupção em si: um estudo mostrou que três segundos ou menos bastam para aumentar o esforço em 50% e dobrar a taxa de erro.[32]

Esses números tão elevados se devem sobretudo ao fato de que nosso cérebro necessita de alguns minutos para voltar a se concentrar na tarefa original. Assim como uma lâmpada de baixo consumo pode demorar até atingir um brilho intenso, o cérebro precisa de tempo para voltar a se aprofundar na tarefa. Segundo um estudo do Instituto de Informática da Universidade da Califórnia, leva em média 23 minutos até que voltemos a estar totalmente concentrados depois de uma distração e retornemos ao ponto em que fomos interrompidos.[33]

Ao contrário da opinião popular, não realizamos mais no modo multitarefa, e sim menos, além de cometermos erros com maior frequência. Esse modo de trabalho não resulta apenas num nível elevado de estresse,[34] mas também nos deixa menos eficientes, como se tivéssemos passado uma noite em claro no dia anterior ao trabalho.[35] **Ao tentar fazer tudo de uma vez, no final das contas você não consegue fazer nada corretamente.**

MONOTAREFA EM VEZ DE MULTITAREFA, FLUXO EM VEZ DE ESTRESSE

Se não realizo mais coisas sendo multitarefa, o que fazer, então? Resposta: entrar em *flow*, ou fluxo. Considerado o fundador da Teoria do Fluxo, o pesquisador da felicidade Mihaly Csíkszentmihalyi é autor do livro *Flow: A psicologia do alto desempenho e da felicidade*. Em sua pesquisa, ele acompanhou um compositor que lhe descreveu em que momento seu trabalho – ou seja, o ato de compor – transcorria especialmente bem. Algumas vezes, o artista consegue compor literalmente em êxtase. Nesses momentos, as mãos dele voam pelo piano. É como se ele não existisse mais e houvesse apenas a música. Não há espaço para dúvidas ou problemas cotidianos, e ele não sente fome nem percebe o próprio corpo.[36] É assim que imaginamos o trabalho de gênios produtivos: eles se aprofundam em sua atividade e não se deixam distrair pela tensão nem pelo estresse das coisas pequenas do dia a dia. Experimentam

> “
>
> ***Multitarefa é simplesmente a oportunidade de estragar várias coisas ao mesmo tempo.***
>
> STEVE UZZELL

um estado de imersão completa em sua atividade, que corresponde ao *flow* ou fluxo.

Esse estado não é privilégio dos músicos, já que a capacidade de experimentar o fluxo está dentro de cada um de nós. Um jogador de futebol que dribla por alguns minutos com a bola no pé está em fluxo da mesma forma que um cirurgião cardíaco que opera a despeito de tempo e espaço, ou uma avó que tricota um pulôver por horas a fio. Fluxo é o estado no qual nos sentimos incentivados a realizar uma tarefa que está à nossa altura. Nele, estamos tão envolvidos que podemos cumpri-la com total dedicação e muitas vezes não percebemos como o tempo passa. Em sua pesquisa de décadas, Csíkszentmihalyi conseguiu demonstrar que o estado de fluxo nos torna mais produtivos e criativos, e também mais felizes.[37]

O requisito básico para atingir o estado de fluxo é a monotarefa, o exato oposto da tão elogiada multitarefa. Embora não seja possível planejar um fluxo, é possível aumentar a probabilidade de entrar nele se nos dedicarmos a uma tarefa de cada vez. Em outras palavras, temos que ser capazes de nos concentrar por mais tempo e nos ater a uma mesma tarefa sem distrações para alcançar o tão desejado fluxo. E, ainda que não o alcancemos, no modo monotarefa conseguimos realizar aproximadamente o dobro do que se fizermos várias coisas ao mesmo tempo.

Concentração é mais do que somente uma decisão

Quando foi a última vez que você teve um prazo apertado para realizar uma tarefa e não podia deixar para depois de jeito nenhum? Você conseguiu entregar? Se isso aconteceu com você, é provável que tenha adiado a tarefa até que ela se tornou urgente. Para dar conta dela, parou de fazer cinco coisas ao mesmo tempo e mergulhou naquela tarefa de maneira coerente e concentrada, certo? Como agora você descobriu que a monotarefa é algo desejável, não seria uma ótima decisão trabalhar sempre concentrado no que é mais importante, como se houvesse um prazo pressionando você?

Provavelmente essa tentativa estaria fadada ao fracasso, pois, como já mencionei, a distração é algo fixado em nossos genes. No entanto, a maioria das pessoas não está ciente de que essas distrações vêm tanto do mundo interior quanto do exterior. Cerca de metade de todas as distrações não recebe qualquer influência externa.[38] Todos os dias temos aproximadamente 60 mil pensamentos[39] e, enquanto nos dedicamos mentalmente a algo, somos, muitas vezes, por poucos segundos, levados para longe por um pensamento novo. Nosso cérebro anseia por experiências novas, e essa vontade é tão intensa quanto o desejo de comida, sono ou sexo.[40] No entanto, como no trabalho não é possível comer, dormir ou nos entregarmos aos impulsos sexuais, satisfazemos nossa predileção inata por experiências novas surfando na internet, lendo e-mails, postando em redes sociais. Um estudo feito por Roy Baumeister demonstrou que a sedução da internet é tão forte que só é possível resistir ao apelo dela na metade das vezes.[41] Assim que você checa os e-mails, o WhatsApp ou o *feed* do Instagram, o cérebro secreta o hormônio da felicidade, a dopamina. No entanto, a parte do cérebro que quer se concentrar, e na qual estão sediadas a razão e a força de vontade, não é tão facilmente recompensada. Por isso não há a gratificação instantânea que as novas experiências causadas por distrações nos oferecem. O problema é que a nossa força de vontade – como já disse – é limitada.[42]

Sempre que você resiste a uma distração ou mantém um impulso na rédea curta, sua bateria de força de vontade é ligada. Ela é como um músculo que se cansa. E, quando está cansada, dificilmente vencerá uma disputa contra o arqui-inimigo da concentração: o desejo natural de distração e a sensação de recompensa instantânea atrelada a isso. É exatamente por essa razão que se recomenda iniciar o foco do dia quando a bateria da força de vontade ainda estiver cheia e o ambiente à volta estiver o mais livre possível de distrações.[43]

Concentrar-se no trabalho que está no laptop a sua frente quando a apenas um clique há cinco milhões de vídeos engraçados no YouTube e cinco mensagens não lidas no WhatsApp é algo tão realista quanto tentar perder dez quilos entupindo a geladeira com pizza, sorvete e cachorro-quente. Não importa se suas intenções são boas ou se você está motivado – o único caminho para resultados melhores e uma sensação maior de felicidade no trabalho é criar hábitos mais inteligentes. Da mesma forma que você deveria trocar as porcarias na sua geladeira por alimentos saudáveis, também deveria substituir hábitos ruins por outros bons ao trabalhar.

“

As tartarugas podem contar mais sobre o caminho do que os coelhos.

PROVÉRBIO CHINÊS

“

Seu foco determina sua realidade.

QUI-GON JINN, *STAR WARS I – A AMEAÇA FANTASMA*

O SEGUNDO FUNDAMENTO

Hábitos

Cinco motivos que fazem deles a chave para o sucesso

Nos últimos três anos, fiz uma pesquisa profunda sobre os hábitos. Ao ouvir a palavra "hábito", a maioria das pessoas pensa em afazeres cotidianos ou rotinas entediantes. À medida que estudava, ficava cada vez mais claro para mim que devo a eles muitas das coisas mais belas da minha vida. Um hábito não é nada além de uma maneira automatizada de pensar e de se comportar.[44] À primeira vista, pode até soar chato, mas é a atração principal – sobretudo se levarmos em conta que são justamente esses automatismos que orientam quase 95% de nossas decisões diárias.[45] No final das contas, são as decisões que nos levam pela vida e até as nossas metas.

Se pensarmos uma vez mais na tríade perfeita, os hábitos representam o COMO, enquanto as metas representam O QUÊ e os valores, o POR QUÊ. Os hábitos têm a ver com o processo, enquanto as metas são os resultados que você pretende alcançar. É por isso que boas metas são imperativas, e bons hábitos, mais importantes ainda. Se, por exemplo, seu plano é escrever um livro, então os hábitos de escrita são o caminho até lá. Se você criasse o hábito de escrever duzentas palavras por dia, após um ano teria material suficiente para um romance do tamanho do primeiro volume de *Harry Potter*. Para se beneficiar dos bons hábitos a longo prazo, conheça os cinco motivos pelos quais eles são a chave para abrir várias portas para o sucesso.

O PRIMEIRO MOTIVO
Vitoriosos e derrotados têm quase sempre as mesmas metas

Em 1911, os aventureiros Robert Falcon Scott e Roald Amundsen desafiaram-se numa corrida duríssima: ambos queriam ser a primeira pessoa a pisar no Polo Sul. Juntamente com suas equipes, eles suportaram uma difícil viagem de mais de 2 mil quilômetros através do gelo e da neve, sob temperaturas intoleráveis. Embora as duas equipes tivessem a mesma meta, escolheram abordagens bem distintas para as expedições: a equipe de Scott viajava o máximo que podia quando o tempo estava bom e descansava nos dias ruins. A de Amundsen avançava a mesma distância, exatos 27 quilômetros, todos os dias, independentemente do tempo.[46]

Quem você acha que venceu essa corrida dramática, disputada cabeça a cabeça? A equipe de Amundsen, que avançava todos os dias de maneira constante e contínua, chegou ao Polo Sul um mês inteiro à frente e ainda retornou em segurança – ao contrário da equipe de Scott, que, já sem forças, passou fome e congelou no caminho de volta.

Muitos têm boas metas, pouquíssimos têm bons hábitos

Todos querem encontrar o parceiro perfeito e viver sem preocupações financeiras. Todos os atletas querem ganhar a medalha de ouro e todos os desempregados querem o emprego dos sonhos. Se tantas pessoas têm as mesmas metas, as metas sozinhas não podem ser a diferença entre perdedores e vitoriosos.[47] Pense na corrida ao Polo Sul: as metas só apontam a direção; bons hábitos conduzem ao fim da viagem. Para que a direção a seguir fique clara, estipule metas semanais no *Diário do sucesso*. Contudo, o verdadeiro foco encontra-se nos hábitos certos. Nesse processo, manter o diário é um hábito eficaz que leva a outros hábitos desejáveis, tais como foco diário, cuidado regular com a saúde e quaisquer outros que você queira criar com o controle de hábitos (veja a seguir).

O SEGUNDO MOTIVO
Hábitos são soluções duradouras, metas são apenas temporárias

Durante muito tempo, um de meus costumes mais irritantes era acumular correspondência e contas importantes sem prestar atenção nelas. Isso me custou nervosismo e, sobretudo, um monte de multas por atraso. Por semanas, mantive no meu calendário a meta de "abrir todos os envelopes", até que, em dado momento, tomei coragem para organizar o caos. Com isso, a meta foi alcançada de uma vez só, mas minha atitude – meus hábitos desleixados – continuava a mesma. Ainda que tenha cumprido o que queria, só tratei o sintoma e a causa real permanecia inalterada. Logo o jogo recomeçou e, mês a mês, uma nova pilha de envelopes foi se acumulando por quase seis anos. Somente quando chegou uma correspondência encantadora com uma multa por atraso de quase 500 euros eu mudei um pouco. Desde então, abro os envelopes imediatamente, separo por grau

> “
>
> *Somos o que fazemos repetidamente. Portanto a excelência não é um ato, mas sim um hábito.*
>
> ARISTÓTELES

de urgência e faço lembretes de acordo com a data de vencimento. À medida que meu hábito foi mudando, as multas por atraso diminuíram até virarem coisa do passado.

Mesmo que você não seja um acumulador crônico de correspondência, já deve ter enfrentado outras situações em que novos hábitos, e não novas metas, fizeram com que tivesse êxito. Quantas vezes você tomou coragem para limpar a casa apenas para, dias depois, encontrar as mesmas camadas de poeira e montanhas de roupa suja? A meta – a casa limpa – era claríssima e, por ora, foi cumprida. Entretanto, os hábitos por trás dessa meta permaneceram inalterados. De novo, você terá que aguardar um novo empurrão de motivação para limpar a casa. Somente quando criar um sistema a partir de pequenos hábitos de limpeza bem estabelecidos é que vai atingir a meta não apenas momentaneamente (imagem à direita), mas reiteradas vezes (imagem à esquerda). O mesmo se aplica às metas que você quiser acompanhar com o *Diário do sucesso*.

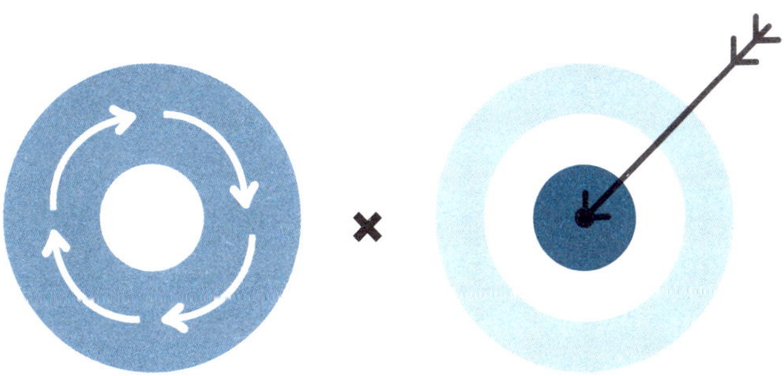

Duas abordagens: centrada no hábito × centrada na meta

Em outras palavras, se você mudar o seu modo de pensar e criar hábitos que o levem a conquistar metas, terá mais chance de sucesso do que se estiver com o pensamento centrado apenas no objetivo em si. Dessa forma, você corta os problemas pela raiz.[48] Ao mudar seus hábitos, você corrige a causa e resolve o problema a longo prazo em vez de continuar perseguindo a mesma meta.

O TERCEIRO MOTIVO

Resistindo ao estresse e recarregando as energias com novos hábitos

> *A motivação é o que leva você a começar de uma vez por todas. Mas é o hábito que faz você querer continuar.*
>
> JIM ROHN

Então você chega ao dia 1º de janeiro sentindo uma pressão desagradável no estômago – e essa sensação se mantém por horas e horas e horas. Só quando se olha no espelho do banheiro e vê a marca profunda que a fivela do cinto deixou na pele é que você solta um "eita!": a maratona das festas de Natal e a comilança na véspera do Ano-Novo deixaram pistas inconfundíveis. Você decide imediatamente que quer perder cinco quilos em seis meses. Ao pensar nessa meta, imagens de sua barriga tanquinho alimentam a sua mente – imagens que, logo de cara, motivam você.

Contudo, ao pensar nos hábitos adequados para atingir esse objetivo – como "praticar esportes três vezes por semana", "andar mais vezes de bicicleta do que de carro" ou "se alimentar melhor" –, você provavelmente já não se sente tão inspirado assim. Eu pelo menos nunca conheci ninguém que sentiu impulsos de motivação ao pensar no suor enquanto corre na esteira ou no deleite ao comer uma salada com poucas calorias. De novo: nossa força de vontade diária é um recurso limitado, usado para resistir a tentações saborosas e também para tomar outras decisões. Por isso, a motivação condicionada à meta só se mantém até a bateria da força de vontade começar a descarregar.

E, se ainda nos estressarmos no dia a dia, tudo se torna muito mais difícil. Não importa se é na vida pessoal ou profissional, o estresse é onipresente. Não é à toa que a Organização Mundial da Saúde (OMS) considera o estresse o maior risco à saúde no século XXI.[49] Qual foi o período recente mais estressante de sua vida? Existem situações no dia a dia que são muito estressantes? Como isso se manifesta em seu comportamento? Pare por um momento e anote alguns pontos-chave sobre essas questões.

Ao tentar entender o estresse, cientistas da Universidade da Califórnia fizeram observações importantes: estudantes que costumavam ingerir alimentos prejudiciais à saúde, como pão doce ou outras guloseimas, no café da manhã abusaram dessas comidas durante o período estressante de provas. E os estudantes que, como de costume, colocavam no prato alimentos saudáveis mantiveram a dieta ainda mais rigorosa durante o período de provas. Aqueles que frequentavam a academia com regularidade treinaram ainda mais na fase de avaliações.[50]

Como você pode ver, não basta ter em mente apenas um objetivo estimulante no dia a dia. Em situações estressantes, precisamos de mais do que boa vontade: precisamos de uma ferramenta adequada que poupe a força de vontade e seja resistente ao estresse. Essas ferramentas são os hábitos. Para o cérebro, eles são como uma paisagem agradável. Assim que um hábito é fixado neurologicamente, o cérebro será capaz de recorrer a ele em segundos e com um gasto mínimo de energia – algo bem diferente de uma tomada de decisão consciente, que consome muita energia.

Ao escolher regularmente a sobremesa doce, seu bichinho do hábito toma essa decisão da mesma forma que em situações de estresse – quase no piloto automático. Antes que se dê conta, você dá uma mordida num delicioso pão com cobertura rosa de açúcar e sua barriga tanquinho fica cada vez mais distante. Nos períodos de estresse, as metas rapidamente perdem a luta contra os hábitos, mesmo que os hábitos sejam mais confiáveis a longo prazo do que as metas.

É evidente que, no começo, é preciso ter força de vontade para transformar um novo comportamento em uma rotina. Ao estabelecer um hábito, no entanto, você investe energia mental somente até que ele esteja enraizado no seu cérebro. Tão logo isso aconteça, seu novo comportamento ativa uma espiral ascendente: por um lado, faz com que o comportamento que até pouco tempo antes roubava muita energia de você se transforme em brincadeira de criança. Por outro, libera energia e força de vontade renovadas para outros hábitos que enriquecem a vida – é nesse ponto que reside o xis da questão.

Se você vai à academia para se exercitar quase no piloto automático, pode investir a força de vontade renovada para se concentrar, por exemplo, na criação de rotinas alimentares mais saudáveis. Então, por que iria querer que metas difíceis de alcançar roubassem a sua energia quando a formação de bons hábitos sempre oferecerá energia renovada?

O QUARTO MOTIVO
Hábitos deixam você mais flexível e mais feliz

Desde pequenos somos ensinados a condicionar nossa satisfação à próxima grande meta. SE eu for bem na escola, ENTÃO serei um adulto bem-sucedido. SE eu estudar nessa universidade, ENTÃO todas as portas se abrirão para mim. SE eu conseguir aquele emprego prestigiado, ENTÃO nunca mais vou me preocupar com dinheiro...

> “*Plante um pensamento e colha uma ação. Plante uma ação e colha um hábito.*
>
> PROVÉRBIO ALEMÃO

As metas criam um padrão de pensamento

pelo qual você adia a sorte indefinidamente: uma vez tendo alcançado uma, corre para a próxima. Dessa forma, o bem--estar pessoal estará sempre vinculado a um SE. Imagine esta situação: você deseja adquirir mais conhecimento e, para isso, quer ler um livro por mês. Mas, assim que tiver lido o primeiro livro, vai pegar o próximo título. Em vez de apreciar com calma essa pequena conquista e ficar satisfeito com ela, você a transforma em uma caçada incessante à meta.

Com os hábitos é diferente: eles se concentram no processo real. Em vez de ler um livro todo mês, você pode, por exemplo, criar o hábito de ler por dez minutos todos os dias e aproveitar a leitura sem se preocupar se terminou o livro no fim do mês ou não. Você troca comemorações esporádicas de conquista de metas grandes pela apreciação do processo. Assim, você se apaixona pelo processo, não pelo resultado final – e, em última análise, conquista ainda mais. Os hábitos levam a melhores sensações a longo prazo e também a melhores resultados.

> “*Na maioria das vezes, os talentos não são tão desiguais; as diferenças residem na diligência e no caráter.*”
> THEODOR FONTANE

Metas limitam o bem-estar a um determinado cenário

Se você não quiser apenas ler livros, mas tentar escrever um, essa meta implica uma definição muito estreita de sucesso: ou você atinge a meta de escrever ou não. Ou ganha ou perde – é tudo ou nada. Entretanto, se você se concentrar em criar bons hábitos de escrita, vai se abrir para uma noção mais flexível de satisfação. Você pode ficar satisfeito enquanto o processo de escrita avança. Talvez esse processo também mostre que um caminho bem diferente de finalizar um livro pode ser mais gratificante e valioso para você. Talvez o novo hábito de escrita o conduza a uma carreira como blogueiro ou jornalista. Talvez você se torne um roteirista, editor ou redator. Mas talvez o progresso na escrita o inspire a escrever uma carta de apresentação extremamente criativa, que, quem sabe, abrirá a oportunidade de um novo trabalho.

Quando nos concentramos em uma meta determinada, todos nós esquecemos com frequência que, na vida, as coisas raramente funcionam como imaginamos. Caímos num comportamento de tudo ou nada, que limita nossa percepção de felicidade e de satisfação a um cenário rígido. O foco em hábitos resolve essa limitação. Ele expande o horizonte para diferentes cenários de sucesso, deixando você mais flexível e mais feliz a longo prazo. As metas continuam a ser boas para planejar o progresso. Os hábitos são bons para concretizar progressos reais.

O QUINTO MOTIVO
Mudanças pequenas, resultados grandiosos

Certa vez perguntaram a Albert Einstein qual é a maior força do universo. A resposta dele, espontânea, foi: "Os juros compostos." Ele não estava de todo errado.

Pelo menos das aulas de matemática, todos aprendemos o efeito dos juros compostos e sua importância para nossa poupança: se você depositar 10 mil euros a uma taxa de juros de 5% ao ano, terá 10.500 euros após um ano e, vinte anos depois, quase 27 mil euros. Assim que o primeiro euro tiver sido depositado, o saldo de sua conta vai aumentar por si só, e mais rapidamente com o tempo.

Para ilustrar como os juros compostos se tornam poderosos ao longo do tempo, o autor americano Darren Hardy faz uma comparação interessante em seu livro *O efeito cumulativo*:[51] imagine voar da costa oeste para a leste dos Estados Unidos ou, mais precisamente, de Los Angeles a Nova York. Se o piloto direcionar o avião 3,5 graus a mais para o sul, você avistará a Casa Branca, não a Estátua da Liberdade, quando pousar. Mesmo uma pequena mudança de quase 1% é suficiente para fazer com que você pouse em Washington, a espantosos 200 quilômetros de seu destino, a cidade de Nova York. Com o nariz da aeronave apontado apenas dois metros mais ao sul, uma mudança tão ínfima no início do voo é quase imperceptível, mas, ao cruzar o país, o efeito dessa pequena alteração se multiplicará – chegando a 200 quilômetros ao final da viagem.

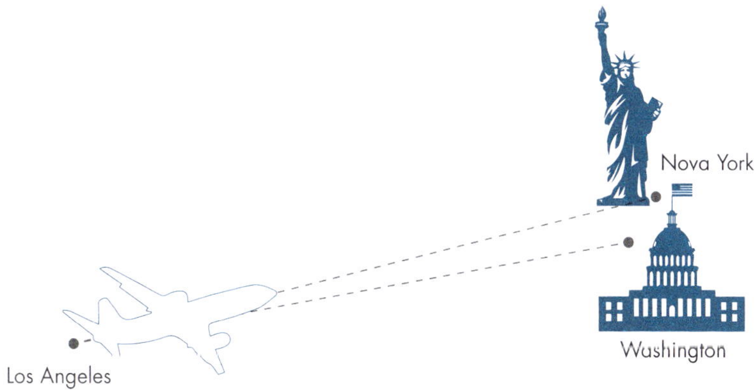

Da mesma maneira, uma pequena mudança em seus hábitos pode, a longo prazo, direcionar sua vida a um "local de pouso" completamente diferente e, assim, conduzi-lo a uma nova direção.

A curva dos juros compostos dos bons e maus hábitos

A longo prazo,
1% faz toda a diferença!

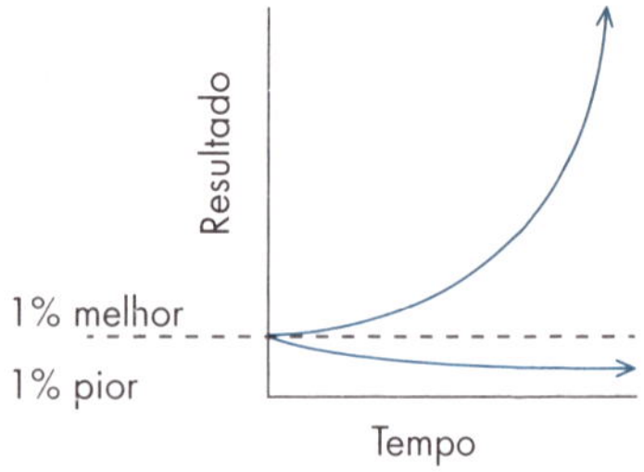

Se você melhorar um comportamento relevante 1% todos os dias, em um ano, graças aos "juros compostos", isso corresponderá a uma melhora de quase 3.800% ($1{,}01^{365} = 37{,}78$) – os resultados serão, portanto, quase 38 vezes melhores do que um ano antes. Assim que os juros compostos entram em ação, assumem uma dinâmica própria e vão pouco a pouco multiplicando tudo em que põem as mãos. O tempo se torna um inimigo cada vez mais perigoso no que diz respeito aos maus hábitos, ao mesmo tempo que se torna um grande amigo dos bons hábitos.

Os efeitos que observamos na nossa poupança ou na cabine do avião não são muito diferentes do que se pode ver nos hábitos humanos. Quando um bom hábito se estabelece firmemente, enriquece cada vez mais a vida com o passar do tempo. Os juros na conta bancária ou a ligeira correção de rota correspondem aos pequenos passos que damos todos os dias, e os resultados desses passos crescem exponencialmente. Nossos padrões de pensamento e de comportamento determinam grande parte dos nossos passos.[52] Portanto, não são as poucas grandes decisões que nos fa-

> “
>
> ***Você não pode prolongar nem ampliar sua vida, só pode se aprofundar nela.***
>
> GORCH FOCK

zem felizes e bem-sucedidos, mas sim os muitos pequenos hábitos. Aqui vão três exemplos de hábitos minúsculos que podem produzir efeitos enormes ao longo do tempo:

GRATIDÃO: Quando você passar a tomar notas diárias sobre as coisas pelas quais é grato na parte prática do *Diário do sucesso*, perceberá apenas uma pequena mudança nos primeiros dias. No entanto, conforme o tempo for avançando, esse pequeno hábito mudará seu estilo de vida e você se sentirá mais agradecido por manter relações interpessoais mais calorosas,[53] além de ter menos estresse, mais sucesso[54] e mais alegria de viver.

PRODUTIVIDADE: Enquanto estiver no seu horizonte de percepção, o celular tende a minar constantemente a sua força mental.[55] Se o mantiver longe da vista, você obterá melhores resultados. Ao transformar esse comportamento num hábito para toda a vida, provavelmente ganhará milhares de horas.

MEDITAÇÃO: Meditar todos os dias por cinco minutos durante uma semana não vai fazer muita diferença no começo. Entretanto ficou comprovado que, após algumas semanas ou alguns meses, esse hábito leva a uma melhor autopercepção,[56] a um aumento nas capacidades de concentração e memória,[57] a um sono melhor,[58] a menos ansiedade e sintomas de estresse[59] e a maior estabilidade emocional.[60]

Por um momento, um pequeno hábito é insignificante. Mas, se considerarmos que a soma dos momentos compõe a vida, você vai notar que a escolha cuidadosa dos hábitos pode fazer diferença entre a pessoa que você é e a que deseja ser.

O TERCEIRO FUNDAMENTO

Valores

A base sólida de suas metas

Agora que você sabe como os hábitos funcionam, é tempo de se aprofundar no lado pessoal: volte seu olhar para dentro de si mesmo, encontre as raízes de seu modo de pensar e de suas ações, e chegue ao alicerce sobre o qual sua casa está construída.

Antes de colocar a pedra angular, lembre-se que você tem a oportunidade de projetar a casa de seus sonhos. Afinal, nenhum arquiteto começa a planejar e construir sem uma visão clara do projeto. Nas páginas a seguir, convido você a visualizar sua vida atual e o futuro que imagina em diferentes áreas do seu cotidiano. Uma vez que tiver posto no papel objetivos e ideias, você verá tudo com mais clareza e ainda terá a oportunidade de, conscientemente, alinhar decisões e ações a essa visão.

PRÁTICA

Nas páginas seguintes, você vai encontrar um diagrama contendo diferentes áreas da vida. Faça uma autorreflexão e anote em cada local quais metas quer alcançar em cada

“

As visões são o arquivo do futuro.

THOM RENZIE

área para seu futuro eu. A propósito, o círculo no centro é você. Caso ajude, você pode imaginar um período como "A visão de mim mesmo daqui a dois, cinco, dez ou 25 anos". Seja aberto e honesto; sinta-se livre e criativo. Você é o visionário da sua vida e aqui está o parquinho onde pode brincar à vontade – cabe a você decidir se vai trabalhar em questões-chave, criar um mapa mental ou elaborar uma colagem de imagens.

COMO ME VEJO

ATITUDE
Como vejo a vida?
Qual é meu lema de vida?

FAMÍLIA E AMIGOS
Como vão as coisas com minha família?
Quais amigos estão sempre ao meu lado?

EDUCAÇÃO E TRABALHO
Como está minha vida profissional?
O que aprendo de novo?

MEU FUTURO EU

Data ___/___/______

CORPO E MENTE
Como anda minha
saúde física e mental?

LAZER E DIVERSÃO
O que faço apenas
para me divertir?

DINHEIRO
Como estão as
minhas finanças?

Valores – a nossa força motriz mais poderosa

Você se lembra da tríade metas, valores e hábitos do começo do livro? Neste capítulo, é hora de combinar os três elementos: O QUÊ do primeiro fundamento (metas e foco), o COMO do segundo fundamento (hábitos) e o POR QUÊ (valores) deste capítulo. Você vai utilizar a tríade para extrair metas e hábitos que de fato atendam às suas necessidades interiores. Para isso, precisa identificar seus valores pessoais e criar o ponto de partida ideal para as metas – um alicerce seguro sobre o qual todo o restante será construído.

Nossos valores constituem os fundamentos mais importantes de nossas ações. Eles representam nossas convicções, nossas crenças morais e nossos ideais e descrevem o que consideramos bom e desejável.[61] Os valores nos guiam num nível invisível e quase sempre inconsciente. Boa parte deles é moldada na infância e na adolescência. Influenciam o que comemos, compramos ou vestimos, o que nos irrita e o que nos faz rir. Sempre que nos vemos diante de uma decisão, são os nossos valores que apontam o que é importante para nós e qual caminho devemos seguir. Quanto mais os conhecemos e vivenciamos, mais fortes e satisfeitos atravessamos a vida. Qualquer um que deseje impor metas racionais a si mesmo deve, portanto, descobrir quais valores correspondem à sua personalidade – e não serão os mesmos dos pais, chefes, parceiros ou do mundo colorido da publicidade, com os seus ideais de beleza e de sucesso.

Você saberá que está vivendo de acordo com seus valores quando suas atividades trouxerem contentamento, quando sentir que está prosperando e fazendo a coisa certa. Podemos descrevê-los como os alicerces com vigas de aço de um arranha-céu capaz de resistir até aos terremotos mais fortes.

No entanto, se seguirmos valores dos quais não estamos convencidos, há um grande risco de que o caminho rumo a nossa meta esteja errado e que grande parte de nossa motivação se perca ao longo do percurso. Por exemplo, se trabalhamos em uma empresa cujos princípios não partilhamos e se achamos que seus produtos são inúteis, a frustração e a insatisfação vão crescer em nós com o passar do tempo. Porém, se as pequenas tarefas que temos que cumprir todos os dias estiverem alinhadas com nossos valores, é certo que vamos executá-las com muito mais satisfação e motivação.

Um valor raramente vem sozinho

É claro que não temos apenas um valor que nos guia, mas muitos. Valores diferentes têm significados diferentes. Para um funcionário de uma companhia de seguros, por exemplo, "sucesso", "perfeição" ou "segurança" podem ser valores importantes. Na vida pessoal desse corretor, "família" poderia vir em primeiro lugar e, pela manhã, enquanto decide se usará terno e gravata, "tradição" poderia se somar a esses valores. Para um antigo colega de trabalho desse profissional, que acaba de se demitir e abrir um café, "perfeição" talvez seja igualmente importante, bem como "desafio" e "independência". Talvez esse colega, enquanto trabalhava como corretor de seguros, tenha deixado de lado a "independência" – um valor que agora deseja experimentar mais intensamente.

"

A mudança não virá se esperarmos por outra pessoa ou por outro momento. Nós somos as pessoas que esperamos. Nós somos a mudança que procuramos.

BARACK OBAMA

Para poder se orientar melhor em diferentes áreas da vida, é recomendável ordenar os valores por importância, algo que os psicólogos chamam de hierarquia de valores.[62] Aqui a pergunta simples a se fazer é: *Qual valor é mais importante para mim?* Às vezes, a ordem de precedência torna a vida difícil para nós, mas, em última análise, nos ajuda com decisões difíceis. Por exemplo, se o corretor de seguros tiver que escolher entre chegar em casa pontualmente para jantar com a família ou ficar no escritório e concluir a proposta para um cliente importante, a hierarquia de valores vai ajudá-lo a decidir entre o "sucesso" e a "família". Em geral, existem alguns valores que vivemos intensamente e outros que negligenciamos. Às vezes, não nos sentimos realizados numa fase da vida justamente porque parece faltar uma parte de nós. Quando estabelecemos metas, devemos considerar os valores que se encontram no topo de nossa hierarquia.

Se atrelarmos valores a nossos objetivos e hábitos, sentiremos uma forte afinidade com cada passo que damos em direção à nossa meta. O caminho ficará mais fácil e haverá profunda satisfação durante a caminhada. Se a partir de agora você passar a preencher o diário todos os dias, a tríade POR QUÊ, COMO e O QUÊ passará a ser a base de suas ações.

“

Valores são como impressões digitais. Ninguém tem os mesmos, mas eles ficam registrados em tudo que você faz.

ELVIS PRESLEY

MEUS VALORES

Data ___/___/______

Nas páginas a seguir você vai identificar os valores que o conduzem pela vida – o POR QUÊ. Quanto mais tempo dedicar aos exercícios e mais honesto for consigo mesmo, mais estável será a sua base para o trabalho com o *Diário do sucesso*, isto é, para o trabalho a seu favor.

❶ **Marque dez valores na lista ao lado.**
Não escolha os que deseja para você, mas aqueles que o descrevem e realmente fazem a diferença. Se não encontrar os valores que mais combinam com você, sinta-se à vontade para acrescentá-los. Pense bem ao escolher e fique atento a que realmente combinem com o seu perfil – sua coleção de valores descreve aquilo com que você se identifica, independentemente de estar ou não vivendo de acordo com eles.

As seguintes afirmações podem ajudá-lo a explorar seus valores:

1. Moro onde moro porque...
2. Exerço minha profissão porque...
3. Gosto de me envolver com pessoas que são...
4. É totalmente inaceitável...
5. Há uma coisa muito importante para mim na minha família, que é...

Por exemplo: Moro onde moro porque me sinto livre nesta cidade vibrante e acolhedora.

Possíveis valores:
LIBERDADE, INDEPENDÊNCIA, ACOLHIMENTO

2 Agora um mergulho mais profundo.

Entre os dez valores escolhidos, quais são os cinco mais importantes? Reavalie cada um deles atento à sua voz interior: você se identifica inteiramente com esse valor e acha que ele faz de você quem você é? Escute mais seus sentimentos do que sua mente e marque com uma estrela os cinco com os quais você mais se identificou.

Aceitação	Excelência	Paixão
Amor	Fidedignidade	Perdão
Atenção plena	Flexibilidade	Perfeição
Atividade	Força	Pertencimento
Autenticidade	Força de vontade	Prestígio
Autoconfiança	Franqueza	Profissionalismo
Aventura	Generosidade	Progresso
Calma	Gratidão	Prosperidade
Caridade	Harmonia	Realismo
Charme	Honestidade	Respeito
Compreensão	Honra	Responsabilidade
Confiabilidade	Humor	Sabedoria
Criatividade	Imaginação	Saúde
Cuidado	Independência	Segurança
Curiosidade	Inovação	Serenidade
Desafio	Inteligência	Simplicidade
Determinação	Intuição	Sinceridade
Diversão	Justiça	Sucesso
Eficácia	Lealdade	Sustentabilidade
Empatia	Leveza de espírito	Tradição
Entusiasmo	Liberdade	Vitalidade
Equilíbrio	Modéstia	__________
Espírito de equipe	Objetividade	__________
Espiritualidade	Otimismo	__________
Estética	Paciência	__________

3 Agora chegou a vez da hierarquia pessoal de valores. Ela vai lançar luz sobre a importância que cada valor tem para você e ajudar a conciliar melhor sua natureza, suas metas e suas decisões.

A Escreva os cinco valores nos círculos da página ao lado. Primeiro conecte os valores 1 e 2 com uma linha: qual dos dois é mais importante para você? Faça uma marquinha nesse. Trace uma linha de cada vez partindo do valor 1 até os valores 3, 4 e 5 e repita a pergunta para cada nova conexão.

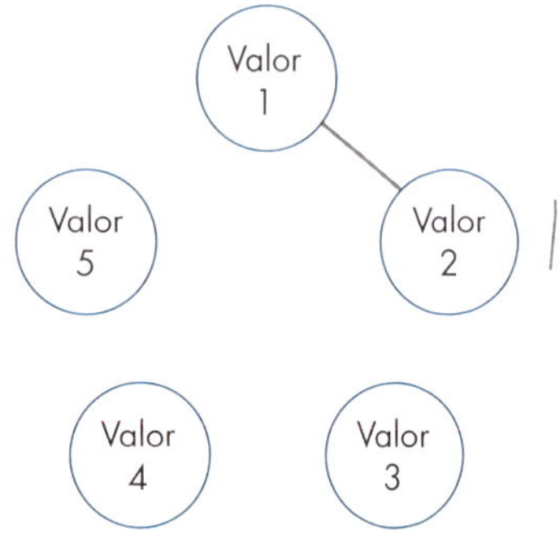

Pode ser difícil escolher entre dois valores, mas o esforço será bem recompensado. Tente imaginar cenários concretos do dia a dia que possam ajudá-lo a se decidir.

B Repita o processo até que tenha conectado e comparado todos os valores. No final, o número de marquinhas indica a importância de cada um deles quando comparado com os demais. Diversos valores podem ter o mesmo número de marcas – significa que são igualmente importantes para você.

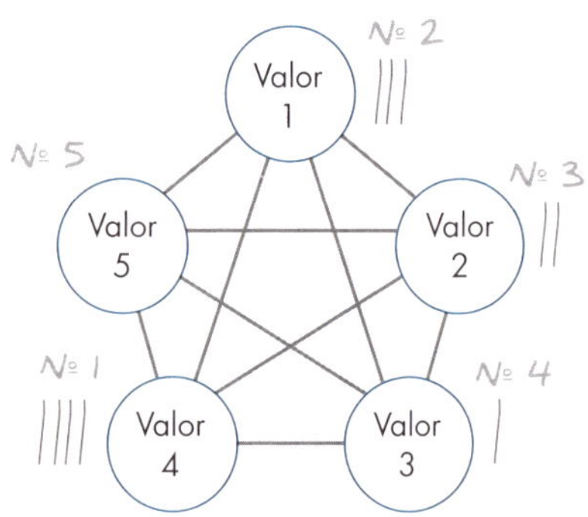

MEUS 5 VALORES Esta é a minha hierarquia de valores:	Já estou vivendo de acordo com eles	Quero me aproximar mais deles
1		
2		
3		
4		
5		

Após refletir sobre os cinco valores mais importantes para você, pense em quais são os dois que você mais precisa aprimorar e agregar à sua vida. Em seguida, responda às seguintes perguntas para saber mais sobre si mesmo e ter melhor compreensão do que esses valores significam no seu dia a dia.

VALOR 1 ______________	**VALOR 2** ______________
Por que ele é importante e o que traz para mim?	Por que ele é importante e o que traz para mim?
O que eu já faço que reflete esse valor?	O que eu já faço que reflete esse valor?
O que devo parar de fazer ou fazer com mais intensidade para viver melhor esse valor?	O que devo parar de fazer ou fazer com mais intensidade para viver melhor esse valor?

ENCONTRANDO SOLUÇÕES *Data* ___/___/______

Agora você vai decidir em qual valor quer se concentrar durante os primeiros 66 dias do *Diário do sucesso*. Após esse período, em média, o cérebro tende a considerar um comportamento como novo hábito, de modo que você vai passar a experimentar esse valor de maneira automática e com mais intensidade na sua vida. A lista a seguir traz algumas soluções. Com base no valor escolhido, anote todas as possíveis metas e associe hábitos específicos a elas – não há certo ou errado aqui.

O **VALOR** ______________________ será meu foco pelos próximos 66 dias porque ______________________________________.

METAS		**HÁBITOS**
Por exemplo: SAÚDE		
Sentir-me mais em forma	--->	malhar 2 vezes por semana
Não ter dor nas costas	--->	alongamento 2 vezes por dia durante dez minutos
Ter mais energia		soneca revigorante de vinte minutos todos os dias

MINHA TRÍADE PERFEITA

Data ___ /___ /______

Do bruto ao lapidado – até aqui, seu parquinho esteve repleto de possibilidades. Agora vem o plano principal. Seja preciso e componha sua tríade para os próximos 66 dias. Preencha os campos de modo a enxergar sentido e a sentir-se estimulado a implementar os conteúdos. Seja realista: tudo deve ser viável e desafiador ao mesmo tempo. Em seguida, transcreva os hábitos para o controle de hábitos na página 101.

VALOR

Vou me concentrar neste valor pelos próximos 66 dias.

❶

METAS

São estas as metas que, com base no meu valor, quero alcançar.

❶	❷	❸

HÁBITOS

São estes os hábitos que me ajudarão a atingir as minhas metas e a viver de acordo com o valor que escolhi.

❶	❷	❸

“

Quem quiser construir torres altas deverá se demorar na construção dos alicerces.

ARISTÓTELES

Sua rotina de 6 minutos

GRATIDÃO E ANTECIPAÇÃO DO PRAZER
COMEÇANDO O DIA COM ATENÇÃO

Há um raro ponto de convergência entre ateus, fiéis de todas as religiões do mundo e cientistas: todos concordam com a imensa importância da gratidão. Se a gratidão viesse em pílulas, seria o medicamento mais vendido de todos os tempos. Estudos mostram que aqueles que a expressam com regularidade conseguem desfrutar melhor sentimentos positivos e experimentar menos sentimentos negativos a longo prazo. Pessoas gratas apresentam uma autoestima elevada, conseguem lidar mais facilmente com a pressão e o estresse, dormem melhor[63] e conseguem estabelecer e manter bons relacionamentos interpessoais com mais facilidade. No entanto, já que essa pílula ainda não existe, incluir gratidão em sua rotina diária é um bom começo – e não tem efeitos colaterais.

A antecipação do prazer tem um efeito positivo semelhante no cérebro. Pensar em algo bom que acontecerá no futuro libera hormônios da felicidade. O maravilhoso é que o evento pelo qual ansiamos sequer precisa atender a nossas expectativas para produzir esse resultado. Estudos mostraram que o efeito positivo é maior quando nós mesmos somos a causa da alegria, seja por nossas realizações, seja porque nos animamos com encontros interpessoais. Com bens materiais, a alegria dura menos tempo.[64]

Agora que você sabe disso, pode se dar ao luxo de "ingerir" um coquetel de bons sentimentos todas as manhãs. Anote algo que o deixa animado e pelo qual é grato. Ao fazer isso, o que você experimenta e sente enquanto escreve é mais importante do que a anotação em si. Pensar nas coisas pelas quais você é grato ou com as quais fica animado normalmente é bem rápido. No entanto, costuma levar uns segundos até você perceber qual sentimento associa àquelas palavras. O neuropsicólogo Rick Hanson conseguiu provar que nosso cérebro precisa de cerca de dez segundos para que experiências positivas possam encontrar o caminho desde a memória de curto prazo até a de longo prazo.[65] Por outro lado, pensamentos negativos seguem imediatamente para a memória de longo prazo. Portanto, ao demorar uns segundos a mais nessa sensação enquanto registra a gratidão e a antecipação do prazer, você faz com que um estado mental temporário se transforme em uma estrutura neural de longa duração.

Aproprie-se desses segundos e deixe vir a emoção (alegria, espanto, encantamento...) antes de pegar na caneta. Isso pode fazer toda a diferença! Busque as palavras exatas e tente sentir o que escreve. Os registros devem ser divertidos para você. Quanto mais sintonizado você estiver com seus sentimentos, mais fortes e duradouros serão os resultados.

O FOCO DO DIA
O CORAÇÃO DA ROTINA DE 6 MINUTOS E A FATIA DE BOLO DIÁRIA

Já reparou como gostamos de proteger o que é importante para nós? Colocamos cerca no jardim e portas e fechaduras em casa. Guardamos nosso dinheiro em contas bancárias, em esconderijos secretos ou, no mínimo, na carteira. Mas que medidas tomamos para proteger o nosso tempo? De acordo com um estudo, apenas um terço de todos os funcionários planeja o uso do tempo no local de trabalho.[66] Isso significa que a maioria das pessoas não programa intervalos para determinadas atividades no dia a dia. Portanto, embora nossos pertences estejam sempre protegidos, deixamos desguarnecido nosso bem mais valioso – o tempo –, que pode ser "roubado" a qualquer momento. Sem uma agenda, há um grande risco de não percebermos como os prazos e as prioridades dos outros capturam nosso tempo mais do que deveriam. Já dissemos aqui que falhamos ao alcançar o sucesso não por falta de vontade nem por incapacidade, mas pela ausência de hábitos certos e, neste contexto, de priorização inteligente.

É mais importante ainda que o tempo destinado ao foco do dia tenha prioridade máxima, pois é precisamente quando se trata de trabalho produtivo e útil que nossa capacidade mental se mostra limitada. As pessoas só conseguem trabalhar com alto nível de concentração por cerca de três a quatro horas diárias.[67] Por isso, você deve tratar o foco do dia como um santuário. Sua capacidade mental é tão limitada quanto seu dinheiro e seus pertences. Pense em qualquer distração que o retira do foco como uma tentativa de roubarem sua carteira. Pense em cada interrupção como um arrombamento da porta da sua casa.

Como determino o foco do dia?

Você já sabe que somente 20% de seus esforços são responsáveis por 80% dos resultados. Assim, o foco do dia deve girar em torno desses 20%, ou seja, em torno das tarefas significativas que farão com que você avance na direção da sua meta. Nesse sentido, existe ainda uma analogia[68] que me foi muito útil: uma leoa é, em princípio, veloz e ágil o suficiente para caçar ratos silvestres. O único problema é que ela gasta mais calorias durante a caçada do que obtém ao se alimentar do bichinho. Se a leoa passar os dias caçando ratos, vai lentamente (mas com toda a certeza) morrer de fome. Em contrapartida, tanto a leoa quanto seu bando podem descansar por dias depois de um banquete à base de antílope, embora seja muito mais desgastante caçar um animal de grande porte.

Com o foco do dia do *Diário do sucesso*, você garante que usará seu tempo para caçar antílopes. Tanto faz se você estiver abrindo um restaurante, criando uma fundação sem fins lucrativos, realizando o projeto dos sonhos ou desenhando uma planta baixa: não permita que os ratos desviem você do caminho. Concentre sua energia nos poucos e preciosos antílopes. Em outras palavras, não se dedique a centenas de coisas triviais e se debruce sobre tarefas importantes, sobre os 20%. Assim você atinge suas metas com maior rapidez e menos estresse.

Antes de registrar o foco do dia, é uma boa ideia dar mais uma olhada na programação da semana, já que as maiores metas servirão de base para preencher esse campo. Você deve ter dividido as metas da semana em etapas menores. Ao determinar o foco do dia, lembre-se do princípio dos 80/20 e comece escolhendo a tarefa que o levará mais longe. Essa tarefa crucial é a que terá mais utilidade para você, mas também costuma ser a mais desagradável ou a mais difícil de realizar. A ideia é definir o foco de modo que possa ser executado no mesmo dia. Por exemplo, se a meta da semana for "terminar a apresentação", "finalizar os slides de 1 a 3" poderia constar do foco do dia. Quanto mais cuidadosamente pensar no foco, menor será a probabilidade de se frustrar no decorrer do dia por ter se planejado mal ou ter se distraído com pequenos afazeres.

É claro que o foco do dia também pode ser uma tarefa dissociada do seu trabalho, como preencher a declaração de imposto de renda, fazer as compras da semana ou viajar com as crianças. Para nós, o conceito de produtividade não significa conseguir executar mais tarefas todos os dias, mas sim cumprir com constância as realmente importantes. Portanto, priorize as que vão aumentar sua qualidade de vida a longo prazo – você decide quais são. Estas três perguntas podem ajudá-lo a tomar decisões: "Essa tarefa se enquadra nos 20% que vão me levar à minha meta muito mais rapidamente?", "É com essa tarefa que espero ter o maior impacto positivo no meu dia?" ou "Com essa tarefa, consigo pegar um antílope ou vou correr atrás de um rato?".

Em que momento devo resolver o foco do dia?

O palestrante motivacional e especialista em produtividade Brian Tracy dedicou seu livro *Comece pelo mais difícil* a um só objetivo: iniciar o dia com a tarefa mais importante. Na obra, ele se refere a essa tarefa como um sapo viscoso e pouco apetitoso, que costuma demandar mais de nós e, por isso, é a mais difícil de "engolir". Se a primeira hora da manhã é o leme do dia, então por que não o posicionar logo na direção do sucesso?

As vantagens de cumprir o foco do dia logo cedo são claras. A bateria de força de vontade está 100% carregada no começo da manhã, de modo que você consegue investir toda a sua energia nessa decisão. Se começar com coisas insignificantes e for riscando da lista a terceira, quarta ou quinta tarefa, a probabilidade de cumprir a mais importante diminui. Quanto mais o dia avança, mais tarefas inesperadas vão surgindo e, antes que você perceba, não fez nada além de pequenas coisas.

Para mim, o hábito de começar pelo foco do dia é como um propulsor a jato que afivelo às costas. Isso tem elevado meus resultados e meu bem-estar a patamares completamente novos. Quando concluo o foco do dia, quase sempre tenho a sensação de que as demais tarefas são moleza em comparação com o que já consegui fazer.

Caso não consiga entregar o foco do dia logo de cara, você deve garantir a todo custo que vai cumpri-lo. Não espere a vontade chegar ao longo do dia porque, no fim das contas, essa liberdade aparente gera apenas estresse, "procrastinite" e falta de compromisso. Portanto, defina um horário fixo para começar e terminar o foco do dia e leve esse compromisso a sério.

P.S.: Como não achamos que sapos sejam particularmente apetitosos e como você deve associar o foco do dia a uma imagem positiva, foi com alegria que o batizamos de "fatia de bolo". Imagine o sentimento de bem-estar quando você saborear o suposto sapo e ele, para sua surpresa, tiver o gosto de uma deliciosa fatia de bolo.

A LISTA DE TAREFAS

Para não perder de vista o essencial de sua lista de tarefas, você encontrará nessa parte do diário apenas um número limitado de linhas para preencher com seus afazeres, porque, também aqui, a ideia é manter o foco. Como o autor e empresário Gary W. Keller tão bem disse: "Se a sua lista de tarefas contiver tudo nos mínimos detalhes, provavelmente o levará a todo lugar, menos aonde você quer ir."

Como estruturo minhas tarefas?

Os métodos mais conhecidos para organizar as tarefas diárias recomendam elencá-las por ordem decrescente de importância. Dessa forma, você não desperdiça energia pensando no que vem a seguir, evitando a procrastinação. Exatamente por isso – e, claro, para que também possa associar as tarefas a algo positivo a longo prazo –, dividimos a área das tarefas em "cobertura de chantili" e "cereja do bolo".

O espaço ao lado da área de tarefas permite priorizá-las da maneira que melhor funciona para você. Nele você pode, por exemplo, anotar a duração, a urgência ou a importância de cada tarefa. Não importa como você as classifica – avalie qual é a sua forma de alcançar os melhores progressos. É crucial que você libere a mente do eterno carrossel de pensamentos de coisas inacabadas (pp. 22-23). E isso só será possível se você deixar claro para o cérebro que, nesse momento, só uma coisa é importante e que cuidará das outras tarefas mais tarde (elas não serão esquecidas, pois já foram anotadas e planejadas). Dessa forma, você consegue ter as tarefas sob controle a longo prazo – e não o contrário.

> "*Distinguir entre relevante e irrelevante constitui o segredo de qualquer sucesso.*"
>
> CYRIL NORTHCOTE PARKINSON

Quando passo para a próxima tarefa?

Agora vamos nos dedicar a uma questão que costuma ser negligenciada: o momento certo de passar de uma tarefa para outra de maneira racional. O princípio dos 80/20 não é apenas útil para eliminar aquilo que você não quer mais em sua vida. Ele também ajuda a determinar a partir de quando o trabalho num projeto ou numa tarefa deixa de valer a pena e é mais sensato passar para o próximo. Em algumas áreas da vida, nossa intuição nos avisa daquele momento em que mais trabalho dificilmente trará mais resultados. Por exemplo, com 20% do esforço de limpeza, sua casa vai parecer 80% arrumada. Entretanto, se quiser partir dos 80% para 100% de limpeza pesada, esfregando todos os tapetes e passando pano atrás dos armários, você terá que se esforçar muito mais. É claro que existem casos excepcionais em que o perfeccionismo é adequado – quando for receber uma rara visita de seus sogros ou participar de um daqueles *reality shows* em que um apresentador de TV vem à sua casa, por exemplo. Na maioria das vezes, porém, não compensa se esforçar em excesso, uma vez que cada minuto de trabalho extra resulta apenas em uma fração de benefício a mais.

A mesma lógica se aplica à vida profissional. A única diferença é que raramente os princípios que descrevi até aqui são postos em prática. Desde pequenos, aprendemos que trabalho duro é a chave do sucesso. Você deve dar sempre 100% e extrair o máximo disso. Muitas vezes, surge ainda o ímpeto de ser perfeito, que vem do medo de falhar ou ser criticado. E assim, em última análise, a maioria de nós acredita que quanto mais você dá, mais você recebe. A consequência é que – sem que isso seja fruto de uma decisão consciente – quase sempre chegamos ao ponto em que 80% de nosso esforço resulta apenas em 20% de nossos resultados.

Nós nos matamos de trabalhar pela última centelha de perfeccionismo, que mais nos adoece e entristece do que produz resultados visíveis. Uma revista em quadrinhos, por exemplo, precisa ser desenhada bem o suficiente para guiar o leitor pelo enredo, mas quase ninguém a lê por causa do sombreamento perfeito. Um artigo de jornal pode ser lapidado indefinidamente, embora ninguém o leia por ele ser perfeito, mas por ser bom o bastante para informar o leitor. Uma banda de música não precisa harmonizar todos os sons com perfeição, mas ser boa o suficiente para entreter os fãs. A realidade não segue o princípio "Quanto mais se dá, mais se recebe", mas sim "Menos é mais" – menos, mas, em compensação, melhor.

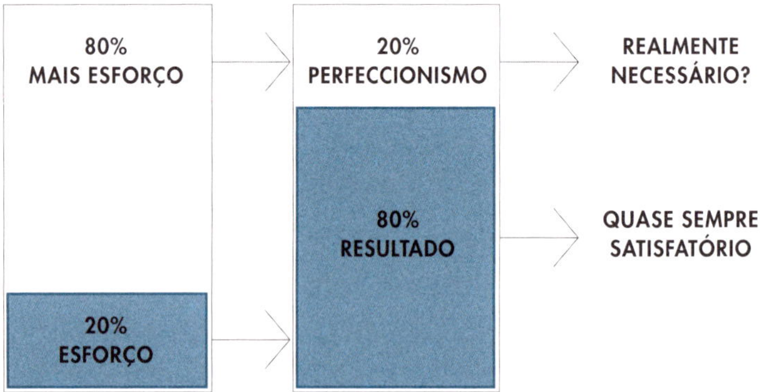

Portanto, "bom o suficiente" deveria ser a medida, e não o "perfeito", porque, seja como for, perfeito é praticamente impossível. De maneira semelhante à nossa casa, no trabalho haverá casos excepcionais nos quais o perfeccionismo é adequado. Contudo, na maioria dos casos, essa busca só atrasará você sem necessidade. Da próxima vez que se perguntar se realmente precisa colocar mais empenho numa tarefa, as perguntas a seguir podem ajudar:

- Alguém de fora notaria alguma diferença?
- Será que esse é um daqueles projetos extremamente raros em que 100% de esforço vale a pena?

- Quanto tempo, energia e paciência você economizaria se parasse agora?
- Existem outras tarefas em que 20% de esforço farão você avançar, em vez de insistir com a perfeição na que está realizando agora?

A beleza na última pergunta é: se quiser obter mais resultados ainda, você pode investir a energia restante em uma nova tarefa. No entanto, se tiver outras prioridades, também pode aproveitar o tempo conquistado com seus amigos, sua família, seus passatempos ou com outras coisas agradáveis.

CONTROLE DE HÁBITOS

Exemplo:

		S	T	Q	Q	S	S	D
1	meditar por dez minutos	⊗	O	⊗	O	O	⊗	O
2	ligar o modo avião a partir das 21h	⊗	O	⊗	⊗	O	O	⊗
3	levantar às 6h30	⊗	⊗	⊗	⊗	O	O	O
4	ir à academia	O	O	⊗	O	O	O	⊗
5	ler por uma hora	O	⊗	O	O	⊗	⊗	⊗

Você se lembra da analogia da casa que visualizou no terceiro fundamento (o capítulo sobre o POR QUÊ)? Seus valores representam os alicerces, a fundação, e suas metas e visões constroem a casa dos sonhos. Com o controle semanal de hábitos, você acompanha os hábitos todos os dias e documenta o progresso em seu canteiro de obras.

Os novos hábitos que você desenvolve baseiam-se em seus valores pessoais – portanto, são hábitos valiosos, sem trocadilho, razão pela qual sua motivação intrínseca tende a ser elevada. Apesar disso, sabemos por experiência que rastrear hábitos e eliminá-los da lista no decorrer do cotidiano estressante pode facilmente cair no esquecimento. No entanto, como o controle de hábitos deve ajudá-lo a viver o POR QUÊ, você encontrará sempre um pequeno lembrete no foco do dia. Se detectar alguma dificuldade com um ou outro hábito, experimente fatiá-lo em etapas menores. Por exemplo, você planejou meditar por 25 minutos pela manhã, mas uma boa tática pode ser começar com apenas cinco minutos. Isso fará com que o novo hábito se consolide de maneira lenta, porém definitiva.

No controle de hábitos, há espaço para criar mais dois hábitos além dos três com base nos seus valores pessoais. No entanto, caso se sinta sobrecarregado com cinco, você pode reduzir esse número – nada é proibido aqui.

A PAUSA PARA RECARREGAR

Você lavou duas pilhas de roupa na máquina, ligou para dez clientes, organizou a festa de aniversário do seu filho ou terminou um relatório importante? Então certamente merece uma pausa, mas muita gente não consegue aproveitar esse momento por completo porque tem medo de desperdiçar tempo. Muitas vezes, a produtividade é tão satisfatória porque seus resultados podem ser vistos e mensurados imediatamente. Por outro lado, nem sempre é simples determinar a utilidade das pausas.

> “
>
> *O feito é melhor que o perfeito.*
>
> SHERYL SANDBERG

A produtividade dos períodos de descanso pode ser difícil de aferir, mas pode ser avaliada. Numerosos estudos revelam que pausas e trabalho não se excluem, pelo contrário: exercem influência positiva entre si. Foi possível comprovar que pausas de 12 minutos, com o objetivo de deixar a mente vagar sem destino, aumentam a criatividade e a produtividade em até 41%.[69] Além disso, o cérebro de pessoas felizes trabalha de forma 30% mais produtiva e criativa do que um cérebro com pensamentos negativos.[70] É possível concluir que, sem pausas, você não será mais feliz nem mais produtivo a longo prazo.

Cada um de nós dispõe do mesmo número de horas por dia. Portanto, o que falta não é tempo em si, mas qualidade no uso desse recurso finito. É por isso que devemos utilizar as pausas com as mesmas inteligência e consciência com que utilizamos as horas de trabalho. Em geral, quanto maior a intensidade com que você se desligar, maior a concentração e a motivação no momento de trabalhar.[71] No entanto, na maioria das vezes que fazemos uma pausa, continuamos a trabalhar – pelo menos mentalmente. Ou então somos incapazes de desfrutar do tempo livre porque a última tarefa inacabada, ou a tarefa seguinte, já está girando em nossa mente. Em contrapartida, com a pausa para recarregar você define os limites de maneira consciente. Deixa de planejar pseudopausas e passa a programar pausas de qualidade. Você distancia os pensamentos o máximo possível do trabalho e, com isso, consegue se recuperar de verdade.

O que você fará na pausa para recarregar não é mais uma obrigação, mas um complemento ao seu dia. As pausas de qualidade não precisam ser longas: só precisam acontecer. Você planeja antídotos diários para a lista de tarefas e para o ritmo acelerado do dia a dia. Não importa se quer relaxar, desacelerar, se divertir, fazer churrasco, filosofar ou fantasiar: você simplesmente *para* um pouco e faz coisas que fazem bem a você, além de proporcionar distanciamento. Seja uma caminhada no quarteirão, uma leitura no parque, uma conversa consigo mesmo tomando um chá, uma ida ao cinema ou alguns exercícios de alongamento – você sabe melhor do que ninguém como conseguir se afastar de tudo.

Espero que, daqui a dez anos, a pausa para recarregar esteja tão consolidada na sua vida quanto a lista de tarefas. Para pôr a teoria em prática imediatamente, vamos fazer uma pequena pausa juntos agora.

Eu, de escrever; você, de ler.

"

O que acontece sem pausas para descanso não dura muito.

OVÍDIO

SUA ROTINA DE 6 MINUTOS

ATENÇÃO PLENA

1. **Gratidão e antecipação do prazer (pp. 82-83):** Comece o dia com gratidão e otimismo. Reserve um momento para sentir o que está escrevendo. Somente assim você vai obter o efeito tão esperado.

2. **Pausa para recarregar (pp. 92-93):** Ninguém melhor do que você mesmo para saber o que relaxa e o que faz bem para o seu dia a dia. Leve o tempo que precisar nessa etapa e monte a lista com a mesma seriedade com que assume os compromissos profissionais. O escritor americano John Steinbeck já dizia: "A arte do descanso é parte da arte do trabalho."

3. **Citações:** Motive-se e inspire-se todos os dias com as belas frases que selecionamos.

4. **Pensamentos, ideias e conquistas:** Este diário pretende oferecer uma combinação perfeita entre estrutura e espaço livre. Além das páginas de anotações no final do livro, você encontra aqui o seu tempo livre diário. Um pouco antes do fim do dia, anote uma experiência de sucesso, reflita sobre o que aconteceu ou escreva sobre o que aprendeu hoje. Seu eu futuro vai agradecer esses lembretes.

5 **Foco do dia – A fatia de bolo (pp. 83-87):** Seja na vida profissional ou pessoal, aqui está a tarefa mais importante do dia. A conclusão desse trabalho proporcionará grande satisfação e ainda deixará você uma fatia de bolo mais perto de sua meta.

6 **Lista de tarefas – A cobertura do bolo (pp. 87-91):** Todos os dias você vai deparar com mais de um desafio: se concluir a segunda e a terceira tarefas mais importantes do dia, garantirá a cobertura de chantili. Caso também consiga realizar as restantes, vai ganhar a cereja do bolo. Se por acaso não tiver concluído algo da lista, é recomendável incluir o mesmo trabalho na lista do dia seguinte. Assim há uma leve pressão positiva e em algum momento você concluirá essa tarefa.

7 **Controle de hábitos (pp. 91-92):** Não importa se você quer trazer novos hábitos para a sua vida ou seguir com os já existentes; o lembrete diário nessa seção ajudará você a formular esse processo.

8 **Compromissos e anotações:** Sem estrutura, o caos prevalece, mas excesso de estrutura inibe a criatividade. Aqui você encontra espaço para completar a lista de tarefas, para registrar compromissos ou pequenas atividades cotidianas.

S T Q Q S S D 23 / 01 / 2023

Sou grato por...

manter um diálogo bem-humorado com a equipe :)

1

Não vejo a hora de...

Falar ao telefone com a minha mãe

5

FOCO DO DIA

A fatia de bolo – depois dela, vou me sentir satisfeito e fortalecido pelo restante do dia:

terminar slides 1-5 da apresentação

○

LISTA DE TAREFAS

A cobertura de chantili:

6

- ☒ Ligar para o Cris > ideia de produto
- ☒ Página com fotos da equipe

A cereja do bolo:

- ☒ Deixar pacote no correio
- ☒ Responder à Lena
- ○ Dar feedback ao Marcos
- ○ Ligar para o cabeleireiro

Usei o controle de hábitos? 7

PAUSA PARA RECARREGAR

2

- ☒ Caminhada de trinta minutos
- ○ Celular no modo avião às 21h

COMPROMISSOS E ANOTAÇÕES

8

→ 14h15

Almoço com Stephanie às 12h30

Apresentação do projeto com a Carla às 15h30

Mãe às 19h30

3

Nada acontece sem risco. Mas, sem risco, não acontece nada também.

HENRY FORD

PENSAMENTOS, IDEIAS E CONQUISTAS 4

Miniconquista: terminar toda a apresentação antes do prazo → estive em fluxo

Melhor momento: virei tio hoje :)

Diário do sucesso

Agora é a sua vez. Finalmente vamos começar!

Antes, avalie algumas áreas da sua vida: desenhe uma seta ao lado da escala para indicar se essa área está piorando ou melhorando. Você fará essa avaliação durante quatro semanas. O número 1 representa o pior e o número 10, o melhor.

Exemplo:

Foco e concentração	1	2	3	4	5	6	(7)	8	9	10	↑

A AVALIAÇÃO DO MÊS

A produtividade de mãos dadas com a atenção plena: mantive o equilíbrio?

Foco e concentração	1	2	3	4	5	6	7	8	9	10
Propósito e motivação	1	2	3	4	5	6	7	8	9	10
Criatividade e inspiração	1	2	3	4	5	6	7	8	9	10
Produtividade	**1**	**2**	**3**	**4**	**5**	**6**	**7**	**8**	**9**	**10**

Gratidão	1	2	3	4	5	6	7	8	9	10
Saúde	1	2	3	4	5	6	7	8	9	10
Paz e tranquilidade	1	2	3	4	5	6	7	8	9	10
Atenção plena	**1**	**2**	**3**	**4**	**5**	**6**	**7**	**8**	**9**	**10**

Como foi nas outras áreas da vida?

Meu valor	1	2	3	4	5	6	7	8	9	10
Bons hábitos	1	2	3	4	5	6	7	8	9	10
Diversão	1	2	3	4	5	6	7	8	9	10
Finanças	1	2	3	4	5	6	7	8	9	10
Família	1	2	3	4	5	6	7	8	9	10
Relacionamentos	1	2	3	4	5	6	7	8	9	10
Humor geral	**1**	**2**	**3**	**4**	**5**	**6**	**7**	**8**	**9**	**10**

VISÃO GERAL DO MÊS

Mês ____________

Exemplo:

1 Aniversário de 32 anos da Ana → 19h30 Jantar, festa
2
3
4
5
6
7
8
9
10
11
12
13
14
15
16
17
18
19
20
21
22
23
24
25
26
27
28
29
30
31

VISÃO GERAL DA SEMANA

CALENDÁRIO E COMPROMISSOS

SEG ______	TER ______	QUA ______
QUI ______	SEX ______	SÁB ______

ANOTAÇÕES E IDEIAS

PLANEJAMENTO DA SEMANA

CONTROLE DE HÁBITOS

	S	T	Q	Q	S	S	D
1	○	○	○	○	○	○	○
2	○	○	○	○	○	○	○
3	○	○	○	○	○	○	○
4	○	○	○	○	○	○	○
5	○	○	○	○	○	○	○

FOCO DA SEMANA

Estas são as minhas grandes metas semanais.
Elas exercem a maior influência sobre o meu sucesso,
portanto, dia após dia, mantenho o meu foco nelas.

➝ **META 1:**	➝ **META 2:**
○ ______	○ ______
○ ______	○ ______
○ ______	○ ______

MINHA REFLEXÃO

PROPÓSITO E MOTIVAÇÃO

Com que intensidade segui meus valores esta semana?
Relembre esse tópico nas pp. 77-78.

1 2 3 4 5 6 7 8 9 10

CONQUISTAS E PROGRESSOS

O que fiz de muito bom na semana passada?
O que farei diferente na semana que vem?

S T Q Q S S D ___/___/______

Sou grato por...

Não vejo a hora de...

FOCO DO DIA

A fatia de bolo – depois dela, vou me sentir satisfeito e fortalecido pelo restante do dia:

LISTA DE TAREFAS

A cobertura de chantili:

A cereja do bolo:

Usei o controle de hábitos?

PAUSA PARA RECARREGAR

COMPROMISSOS E ANOTAÇÕES

Aquele que busca mover o mundo precisa primeiro mover a si mesmo.

SÓCRATES

PENSAMENTOS, IDEIAS E CONQUISTAS

S T Q Q S S D __/__/___

Sou grato por...

Não vejo a hora de...

FOCO DO DIA

A fatia de bolo – depois dela, vou me sentir satisfeito e fortalecido pelo restante do dia:

LISTA DE TAREFAS

A cobertura de chantili:

A cereja do bolo:

Usei o controle de hábitos?

PAUSA PARA RECARREGAR

COMPROMISSOS E ANOTAÇÕES

Devemos saborear devagar as nossas conquistas, senão nos engasgamos com elas.

ERIKA PLUHAR

PENSAMENTOS, IDEIAS E CONQUISTAS

S T Q Q S S D __/__/____

Sou grato por...

Não vejo a hora de...

FOCO DO DIA

A fatia de bolo – depois dela, vou me sentir satisfeito e fortalecido pelo restante do dia:

LISTA DE TAREFAS

A cobertura de chantili:

A cereja do bolo:

Usei o controle de hábitos?

PAUSA PARA RECARREGAR

COMPROMISSOS E ANOTAÇÕES

O trabalho que fazemos não é cansativo. O que nos cansa é o trabalho que deixamos de fazer.

MARIE VON EBNER-ESCHENBACH

PENSAMENTOS, IDEIAS E CONQUISTAS

S T Q Q S S D __/__/______

Sou grato por...

Não vejo a hora de...

FOCO DO DIA

A fatia de bolo -- depois dela, vou me sentir satisfeito e fortalecido pelo restante do dia:

LISTA DE TAREFAS

A cobertura de chantili:

A cereja do bolo:

Usei o controle de hábitos?

PAUSA PARA RECARREGAR

COMPROMISSOS E ANOTAÇÕES

Quem cometeu um erro e não o corrige está cometendo um segundo erro.

CONFÚCIO

PENSAMENTOS, IDEIAS E CONQUISTAS

S T Q Q S S D __/__/_____

Sou grato por...

Não vejo a hora de...

FOCO DO DIA

A fatia de bolo – depois dela, vou me sentir satisfeito e fortalecido pelo restante do dia:

LISTA DE TAREFAS

A cobertura de chantili:

A cereja do bolo:

Usei o controle de hábitos?

PAUSA PARA RECARREGAR

COMPROMISSOS E ANOTAÇÕES

Um bom pensamento nos alegra;
uma boa ação, ainda mais.

PETER ROSEGGER

PENSAMENTOS, IDEIAS E CONQUISTAS

S T Q Q S S D ___/___/_____

Sou grato por...

Não vejo a hora de...

FOCO DO DIA

A fatia de bolo – depois dela, vou me sentir satisfeito e fortalecido pelo restante do dia:

LISTA DE TAREFAS

A cobertura de chantili:

A cereja do bolo:

Usei o controle de hábitos?

PAUSA PARA RECARREGAR

COMPROMISSOS E ANOTAÇÕES

Quem se dirige para o futuro com todos os seus sentidos e com todo o seu poder de ação jamais o conquistará e ainda perderá o presente. JULIUS WOLFF

PENSAMENTOS, IDEIAS E CONQUISTAS

VISÃO GERAL DA SEMANA

CALENDÁRIO E COMPROMISSOS

SEG ________	TER ________	QUA ________
QUI ________	SEX ________	SÁB ________

ANOTAÇÕES E IDEIAS

PLANEJAMENTO DA SEMANA

CONTROLE DE HÁBITOS

	S	T	Q	Q	S	S	D
1	○	○	○	○	○	○	○
2	○	○	○	○	○	○	○
3	○	○	○	○	○	○	○
4	○	○	○	○	○	○	○
5	○	○	○	○	○	○	○

FOCO DA SEMANA

Estas são as minhas grandes metas semanais.
Elas exercem a maior influência sobre o meu sucesso,
portanto, dia após dia, mantenho o meu foco nelas.

→ **META 1:**	→ **META 2:**
○ ______	○ ______
○ ______	○ ______
○ ______	○ ______

MINHA REFLEXÃO

PROPÓSITO E MOTIVAÇÃO

Com que intensidade segui meus valores esta semana?
Relembre esse tópico nas pp. 77-78.

1 — 2 — 3 — 4 — 5 — 6 — 7 — 8 — 9 — 10

CONQUISTAS E PROGRESSOS

O que fiz de muito bom na semana passada?
O que farei diferente na semana que vem?

S T Q Q S S D ___/___/______

Sou grato por...

Não vejo a hora de...

FOCO DO DIA ⟵

A fatia de bolo – depois dela, vou me sentir satisfeito e fortalecido pelo restante do dia:

LISTA DE TAREFAS

A cobertura de chantili:

A cereja do bolo:

Usei o controle de hábitos?

PAUSA PARA RECARREGAR

COMPROMISSOS E ANOTAÇÕES

Esforço vem antes de sucesso
até mesmo no alfabeto.

DITADO POPULAR ALEMÃO

PENSAMENTOS, IDEIAS E CONQUISTAS

S T Q Q S S D ___/___/______

Sou grato por...

Não vejo a hora de...

FOCO DO DIA

A fatia de bolo – depois dela, vou me sentir satisfeito e fortalecido pelo restante do dia:

LISTA DE TAREFAS

A cobertura de chantili:

A cereja do bolo:

Usei o controle de hábitos?

PAUSA PARA RECARREGAR

COMPROMISSOS E ANOTAÇÕES

O sucesso é uma avalanche:
tudo depende da primeira bola de neve.
CLINT EASTWOOD

PENSAMENTOS, IDEIAS E CONQUISTAS

S T Q Q S S D __/__/____

Sou grato por...

Não vejo a hora de...

FOCO DO DIA

A fatia de bolo – depois dela, vou me sentir satisfeito e fortalecido pelo restante do dia:

○

LISTA DE TAREFAS

A cobertura de chantili:

○ __________

○ __________

A cereja do bolo:

○ __________

○ __________

○ __________

○ __________

Usei o controle de hábitos?

PAUSA PARA RECARREGAR

○ __________

○ __________

COMPROMISSOS E ANOTAÇÕES

Muitos são obstinados em busca do caminho que escolheram, poucos em relação à meta.
FRIEDRICH NIETZSCHE

PENSAMENTOS, IDEIAS E CONQUISTAS

S T Q Q S S D ___/___/______

Sou grato por...

Não vejo a hora de...

FOCO DO DIA

A fatia de bolo – depois dela, vou me sentir satisfeito e fortalecido pelo restante do dia:

LISTA DE TAREFAS

A cobertura de chantili:

A cereja do bolo:

Usei o controle de hábitos?

PAUSA PARA RECARREGAR

COMPROMISSOS E ANOTAÇÕES

Firme e forte é a árvore constantemente exposta aos vendavais, pois, na luta, se fortaleceu e fincou suas raízes.

SÊNECA

PENSAMENTOS, IDEIAS E CONQUISTAS

S T Q Q S S D __/__/____

Sou grato por...

Não vejo a hora de...

FOCO DO DIA

A fatia de bolo – depois dela, vou me sentir satisfeito e fortalecido pelo restante do dia:

LISTA DE TAREFAS

A cobertura de chantili:

A cereja do bolo:

Usei o controle de hábitos?

PAUSA PARA RECARREGAR

COMPROMISSOS E ANOTAÇÕES

Não pense tanto naquilo que falta,
mas naquilo que você tem.
MARCO AURÉLIO

PENSAMENTOS, IDEIAS E CONQUISTAS

S T Q Q S S D ___/___/______

Sou grato por...

Não vejo a hora de...

FOCO DO DIA

A fatia de bolo – depois dela, vou me sentir satisfeito e fortalecido pelo restante do dia:

LISTA DE TAREFAS

A cobertura de chantili:

A cereja do bolo:

Usei o controle de hábitos?

PAUSA PARA RECARREGAR

COMPROMISSOS E ANOTAÇÕES

Não é pouco o tempo que temos, mas tempo demais que não é aproveitado.
SÊNECA

PENSAMENTOS, IDEIAS E CONQUISTAS

VISÃO GERAL DA SEMANA

CALENDÁRIO E COMPROMISSOS

SEG ____________	TER ____________	QUA ____________
QUI ____________	SEX ____________	SÁB ____________

ANOTAÇÕES E IDEIAS

PLANEJAMENTO DA SEMANA

CONTROLE DE HÁBITOS

	S	T	Q	Q	S	S	D
1	○	○	○	○	○	○	○
2	○	○	○	○	○	○	○
3	○	○	○	○	○	○	○
4	○	○	○	○	○	○	○
5	○	○	○	○	○	○	○

FOCO DA SEMANA

Estas são as minhas grandes metas semanais.
Elas exercem a maior influência sobre o meu sucesso,
portanto, dia após dia, mantenho o meu foco nelas.

→ META 1:	→ META 2:
○ ______	○ ______
○ ______	○ ______
○ ______	○ ______

MINHA REFLEXÃO

PROPÓSITO E MOTIVAÇÃO

Com que intensidade segui meus valores esta semana?
Relembre esse tópico nas pp. 77-78.

1 2 3 4 5 6 7 8 9 10

CONQUISTAS E PROGRESSOS

O que fiz de muito bom na semana passada?
O que farei diferente na semana que vem?

S T Q Q S S D __/__/____

Sou grato por...

Não vejo a hora de...

FOCO DO DIA

A fatia de bolo – depois dela, vou me sentir satisfeito e fortalecido pelo restante do dia:

LISTA DE TAREFAS

A cobertura de chantili:

A cereja do bolo:

Usei o controle de hábitos?

PAUSA PARA RECARREGAR

COMPROMISSOS E ANOTAÇÕES

Quem não quer mais do que pode permanece dentro dos próprios limites.

JANE LAURA ADDAMS

PENSAMENTOS, IDEIAS E CONQUISTAS

S T Q Q S S D __/__/____

Sou grato por...

Não vejo a hora de...

FOCO DO DIA

A fatia de bolo – depois dela, vou me sentir satisfeito e fortalecido pelo restante do dia:

LISTA DE TAREFAS

A cobertura de chantili:

A cereja do bolo:

Usei o controle de hábitos?

PAUSA PARA RECARREGAR

COMPROMISSOS E ANOTAÇÕES

Somente aqueles que se arriscam a fracassar em grande estilo podem ter sucesso em grande estilo.

ROBERT KENNEDY

PENSAMENTOS, IDEIAS E CONQUISTAS

S T Q Q S S D ___/___/______

Sou grato por...

Não vejo a hora de...

FOCO DO DIA

A fatia de bolo – depois dela, vou me sentir satisfeito e fortalecido pelo restante do dia:

LISTA DE TAREFAS

A cobertura de chantili:

A cereja do bolo:

Usei o controle de hábitos?

PAUSA PARA RECARREGAR

COMPROMISSOS E ANOTAÇÕES

Quem quer alguma coisa encontra caminhos.
Quem não quer encontra desculpas.
WILLY MEURER

PENSAMENTOS, IDEIAS E CONQUISTAS

S T Q Q S S D ___/___/______

Sou grato por...

Não vejo a hora de...

FOCO DO DIA

A fatia de bolo – depois dela, vou me sentir satisfeito e fortalecido pelo restante do dia:

LISTA DE TAREFAS

A cobertura de chantili:

A cereja do bolo:

Usei o controle de hábitos?

PAUSA PARA RECARREGAR

COMPROMISSOS E ANOTAÇÕES

Investir em conhecimento sempre rende os melhores juros.

BENJAMIN FRANKLIN

PENSAMENTOS, IDEIAS E CONQUISTAS

S T Q Q S S D __/__/_____

Sou grato por... Não vejo a hora de...

FOCO DO DIA

A fatia de bolo – depois dela, vou me sentir satisfeito e fortalecido pelo restante do dia:

LISTA DE TAREFAS

A cobertura de chantili:

A cereja do bolo:

Usei o controle de hábitos?

PAUSA PARA RECARREGAR

COMPROMISSOS E ANOTAÇÕES

Para poder enxergar claramente, muitas vezes basta mudar a direção do olhar.
ANTOINE DE SAINT-EXUPÉRY

PENSAMENTOS, IDEIAS E CONQUISTAS

S T Q Q S S D __/__/____

Sou grato por...

Não vejo a hora de...

FOCO DO DIA

A fatia de bolo – depois dela, vou me sentir satisfeito e fortalecido pelo restante do dia:

LISTA DE TAREFAS

A cobertura de chantili:

A cereja do bolo:

Usei o controle de hábitos?

PAUSA PARA RECARREGAR

COMPROMISSOS E ANOTAÇÕES

Você precisa dizer NÃO às boas coisas para poder dizer SIM às melhores.

ZIG ZAGLER

PENSAMENTOS, IDEIAS E CONQUISTAS

VISÃO GERAL DA SEMANA

CALENDÁRIO E COMPROMISSOS

SEG ____________	TER ____________	QUA ____________
QUI ____________	**SEX ____________**	**SÁB ____________**

ANOTAÇÕES E IDEIAS

PLANEJAMENTO DA SEMANA

CONTROLE DE HÁBITOS

	S	T	Q	Q	S	S	D
1	○	○	○	○	○	○	○
2	○	○	○	○	○	○	○
3	○	○	○	○	○	○	○
4	○	○	○	○	○	○	○
5	○	○	○	○	○	○	○

FOCO DA SEMANA

Estas são as minhas grandes metas semanais.
Elas exercem a maior influência sobre o meu sucesso,
portanto, dia após dia, mantenho o meu foco nelas.

→ **META 1:**	→ **META 2:**
○ ______	○ ______
○ ______	○ ______
○ ______	○ ______

MINHA REFLEXÃO

PROPÓSITO E MOTIVAÇÃO

Com que intensidade segui meus valores esta semana?
Relembre esse tópico nas pp. 77-78.

1 2 3 4 5 6 7 8 9 10

CONQUISTAS E PROGRESSOS

O que fiz de muito bom na semana passada?
O que farei diferente na semana que vem?

S T Q Q S S D __/__/____

Sou grato por...

Não vejo a hora de...

FOCO DO DIA

A fatia de bolo – depois dela, vou me sentir satisfeito e fortalecido pelo restante do dia:

LISTA DE TAREFAS

A cobertura de chantili:

A cereja do bolo:

Usei o controle de hábitos?

PAUSA PARA RECARREGAR

COMPROMISSOS E ANOTAÇÕES

Pessoas sob pressão não trabalham melhor, só trabalham mais rápido.
TOM DEMARCO

PENSAMENTOS, IDEIAS E CONQUISTAS

S T Q Q S S D ___/___/______

Sou grato por...

Não vejo a hora de...

FOCO DO DIA

A fatia de bolo – depois dela, vou me sentir satisfeito e fortalecido pelo restante do dia:

LISTA DE TAREFAS

A cobertura de chantili:

A cereja do bolo:

Usei o controle de hábitos?

PAUSA PARA RECARREGAR

COMPROMISSOS E ANOTAÇÕES

A inovação é o que distingue um líder de um seguidor.
STEVE JOBS

PENSAMENTOS, IDEIAS E CONQUISTAS

S T Q Q S S D __/__/____

Sou grato por...

Não vejo a hora de...

FOCO DO DIA

A fatia de bolo – depois dela, vou me sentir satisfeito e fortalecido pelo restante do dia:

LISTA DE TAREFAS

A cobertura de chantili:

A cereja do bolo:

Usei o controle de hábitos?

PAUSA PARA RECARREGAR

COMPROMISSOS E ANOTAÇÕES

Não me ocupo com o que já foi feito. Me interessa o que ainda tem que ser feito.
MARIE CURIE

PENSAMENTOS, IDEIAS E CONQUISTAS

S T Q Q S S D ___/___/______

Sou grato por...

Não vejo a hora de...

FOCO DO DIA

A fatia de bolo – depois dela, vou me sentir satisfeito e fortalecido pelo restante do dia:

LISTA DE TAREFAS

A cobertura de chantili:

A cereja do bolo:

Usei o controle de hábitos?

PAUSA PARA RECARREGAR

COMPROMISSOS E ANOTAÇÕES

Não se viaja para chegar,
se viaja para viajar.
JOHANN WOLFGANG VON GOETHE

PENSAMENTOS, IDEIAS E CONQUISTAS

S T Q Q S S D __/__/____

Sou grato por...

Não vejo a hora de...

FOCO DO DIA

A fatia de bolo – depois dela, vou me sentir satisfeito e fortalecido pelo restante do dia:

LISTA DE TAREFAS

A cobertura de chantili:

A cereja do bolo:

Usei o controle de hábitos?

PAUSA PARA RECARREGAR

COMPROMISSOS E ANOTAÇÕES

Quando não se tem paciência com as pequenas coisas, os grandes projetos estão destinados ao fracasso.

CONFÚCIO

PENSAMENTOS, IDEIAS E CONQUISTAS

S T Q Q S S D __/__/______

Sou grato por...

Não vejo a hora de...

FOCO DO DIA

A fatia de bolo – depois dela, vou me sentir satisfeito e fortalecido pelo restante do dia:

LISTA DE TAREFAS

A cobertura de chantili:

A cereja do bolo:

Usei o controle de hábitos?

PAUSA PARA RECARREGAR

COMPROMISSOS E ANOTAÇÕES

Viver é como andar de bicicleta. Para manter o equilíbrio, é preciso permanecer em movimento.

ALBERT EINSTEIN

PENSAMENTOS, IDEIAS E CONQUISTAS

VISÃO GERAL DO MÊS

Mês ______________

CONQUISTA DO MÊS

Tenho orgulho destes marcos:

1 ______________

2 ______________

3 ______________

A AVALIAÇÃO DO MÊS

A produtividade de mãos dadas com a atenção plena: mantive o equilíbrio?

Foco e concentração	1	2	3	4	5	6	7	8	9	10
Propósito e motivação	1	2	3	4	5	6	7	8	9	10
Criatividade e inspiração	1	2	3	4	5	6	7	8	9	10
Produtividade	**1**	**2**	**3**	**4**	**5**	**6**	**7**	**8**	**9**	**10**

Gratidão	1	2	3	4	5	6	7	8	9	10
Saúde	1	2	3	4	5	6	7	8	9	10
Paz e tranquilidade	1	2	3	4	5	6	7	8	9	10
Atenção plena	**1**	**2**	**3**	**4**	**5**	**6**	**7**	**8**	**9**	**10**

Como foi nas outras áreas da vida?

Meu valor	1	2	3	4	5	6	7	8	9	10
Bons hábitos	1	2	3	4	5	6	7	8	9	10
Diversão	1	2	3	4	5	6	7	8	9	10
Finanças	1	2	3	4	5	6	7	8	9	10
Família	1	2	3	4	5	6	7	8	9	10
Relacionamentos	1	2	3	4	5	6	7	8	9	10
Humor geral	**1**	**2**	**3**	**4**	**5**	**6**	**7**	**8**	**9**	**10**

PROGRESSO

Este aprendizado levarei para o próximo mês:

VISÃO GERAL DO MÊS

Mês ______________

1
2
3
4
5
6
7
8
9
10
11
12
13
14
15
16
17
18
19
20
21
22
23
24
25
26
27
28
29
30
31

VISÃO GERAL DA SEMANA

CALENDÁRIO E COMPROMISSOS

SEG ______	TER ______	QUA ______
QUI ______	**SEX ______**	**SÁB ______**

ANOTAÇÕES E IDEIAS

PLANEJAMENTO DA SEMANA

CONTROLE DE HÁBITOS

	S	T	Q	Q	S	S	D
1	○	○	○	○	○	○	○
2	○	○	○	○	○	○	○
3	○	○	○	○	○	○	○
4	○	○	○	○	○	○	○
5	○	○	○	○	○	○	○

FOCO DA SEMANA

Estas são as minhas grandes metas semanais.
Elas exercem a maior influência sobre o meu sucesso,
portanto, dia após dia, mantenho o meu foco nelas.

META 1:

○ ___
○ ___
○ ___

META 2:

○ ___
○ ___
○ ___

MINHA REFLEXÃO

PROPÓSITO E MOTIVAÇÃO

Com que intensidade segui meus valores esta semana?
Relembre esse tópico nas pp. 77-78.

1 — 2 — 3 — 4 — 5 — 6 — 7 — 8 — 9 — 10

CONQUISTAS E PROGRESSOS

O que fiz de muito bom na semana passada?
O que farei diferente na semana que vem?

S T Q Q S S D ___/___/______

Sou grato por...

Não vejo a hora de...

FOCO DO DIA

A fatia de bolo – depois dela, vou me sentir satisfeito e fortalecido pelo restante do dia:

LISTA DE TAREFAS

A cobertura de chantili:

A cereja do bolo:

Usei o controle de hábitos?

PAUSA PARA RECARREGAR

COMPROMISSOS E ANOTAÇÕES

Não julgue o dia de acordo com o que você colheu, mas de acordo com o que você semeou.
ROBERT LOUIS STEVENSON

PENSAMENTOS, IDEIAS E CONQUISTAS

S T Q Q S S D ___/___/______

Sou grato por...

Não vejo a hora de...

FOCO DO DIA

A fatia de bolo – depois dela, vou me sentir satisfeito e fortalecido pelo restante do dia:

LISTA DE TAREFAS

A cobertura de chantili:

A cereja do bolo:

Usei o controle de hábitos?

PAUSA PARA RECARREGAR

COMPROMISSOS E ANOTAÇÕES

Os feitos extraordinários não se realizam em meio ao caminho desimpedido e habitual.

JOHANN WOLFGANG VON GOETHE

PENSAMENTOS, IDEIAS E CONQUISTAS

S T Q Q S S D __/__/____

Sou grato por...

Não vejo a hora de...

FOCO DO DIA

A fatia de bolo – depois dela, vou me sentir satisfeito e fortalecido pelo restante do dia:

LISTA DE TAREFAS

A cobertura de chantili:

A cereja do bolo:

Usei o controle de hábitos?

PAUSA PARA RECARREGAR

COMPROMISSOS E ANOTAÇÕES

O trovão é bom, é impressionante, mas é o raio que faz todo o trabalho.

MARK TWAIN

PENSAMENTOS, IDEIAS E CONQUISTAS

S T Q Q S S D ___/___/______

Sou grato por...

Não vejo a hora de...

FOCO DO DIA

A fatia de bolo – depois dela, vou me sentir satisfeito e fortalecido pelo restante do dia:

LISTA DE TAREFAS

A cobertura de chantili:

A cereja do bolo:

Usei o controle de hábitos?

PAUSA PARA RECARREGAR

COMPROMISSOS E ANOTAÇÕES

Você não pode voltar e mudar o começo. Mas pode começar de onde está e mudar o final.

C. S. LEWIS

PENSAMENTOS, IDEIAS E CONQUISTAS

S T Q Q S S D ___/___/______

Sou grato por...

Não vejo a hora de...

FOCO DO DIA

A fatia de bolo – depois dela, vou me sentir satisfeito e fortalecido pelo restante do dia:

LISTA DE TAREFAS

A cobertura de chantili:

A cereja do bolo:

Usei o controle de hábitos?

PAUSA PARA RECARREGAR

COMPROMISSOS E ANOTAÇÕES

É possível perceber muitas coisas somente olhando para elas.
LAWRENCE PETER "YOGI" BERRA

PENSAMENTOS, IDEIAS E CONQUISTAS

S T Q Q S S D __/__/____

Sou grato por...

Não vejo a hora de...

FOCO DO DIA

A fatia de bolo – depois dela, vou me sentir satisfeito e fortalecido pelo restante do dia:

LISTA DE TAREFAS

A cobertura de chantili:

A cereja do bolo:

Usei o controle de hábitos?

PAUSA PARA RECARREGAR

COMPROMISSOS E ANOTAÇÕES

A saúde não é tudo,
mas sem saúde tudo é nada.
ARTHUR SCHOPENHAUER

PENSAMENTOS, IDEIAS E CONQUISTAS

VISÃO GERAL DA SEMANA

CALENDÁRIO E COMPROMISSOS

SEG ______	TER ______	QUA ______
QUI ______	**SEX ______**	**SÁB ______**

ANOTAÇÕES E IDEIAS

PLANEJAMENTO DA SEMANA

CONTROLE DE HÁBITOS

	S	T	Q	Q	S	S	D
1	○	○	○	○	○	○	○
2	○	○	○	○	○	○	○
3	○	○	○	○	○	○	○
4	○	○	○	○	○	○	○
5	○	○	○	○	○	○	○

FOCO DA SEMANA

Estas são as minhas grandes metas semanais.
Elas exercem a maior influência sobre o meu sucesso,
portanto, dia após dia, mantenho o meu foco nelas.

→ **META 1:**	→ **META 2:**
○ ______	○ ______
○ ______	○ ______
○ ______	○ ______

MINHA REFLEXÃO

PROPÓSITO E MOTIVAÇÃO

Com que intensidade segui meus valores esta semana?
Relembre esse tópico nas pp. 77-78.

1 2 3 4 5 6 7 8 9 10

CONQUISTAS E PROGRESSOS

O que fiz de muito bom na semana passada?
O que farei diferente na semana que vem?

S T Q Q S S D __/__/____

Sou grato por...

Não vejo a hora de...

FOCO DO DIA

A fatia de bolo – depois dela, vou me sentir satisfeito e fortalecido pelo restante do dia:

LISTA DE TAREFAS

A cobertura de chantili:

A cereja do bolo:

Usei o controle de hábitos?

PAUSA PARA RECARREGAR

COMPROMISSOS E ANOTAÇÕES

Quem move montanhas começa carregando pedras pequenas.
WILLIAM FAULKNER

PENSAMENTOS, IDEIAS E CONQUISTAS

S T Q Q S S D ___/___/______

Sou grato por...

Não vejo a hora de...

FOCO DO DIA

A fatia de bolo – depois dela, vou me sentir satisfeito e fortalecido pelo restante do dia:

LISTA DE TAREFAS

A cobertura de chantili:

A cereja do bolo:

Usei o controle de hábitos?

PAUSA PARA RECARREGAR

COMPROMISSOS E ANOTAÇÕES

O fracasso é apenas uma oportunidade de recomeçar com uma nova perspectiva.
HENRY FORD

PENSAMENTOS, IDEIAS E CONQUISTAS

S T Q Q S S D ___/___/______

Sou grato por...

Não vejo a hora de...

FOCO DO DIA

A fatia de bolo – depois dela, vou me sentir satisfeito e fortalecido pelo restante do dia:

LISTA DE TAREFAS

A cobertura de chantili:

A cereja do bolo:

Usei o controle de hábitos?

PAUSA PARA RECARREGAR

COMPROMISSOS E ANOTAÇÕES

É melhor ser imperfeito e botar a mão na massa do que ser perfeito e hesitar.

THOMAS ALVA EDISON

PENSAMENTOS, IDEIAS E CONQUISTAS

S T Q Q S S D __/__/____

Sou grato por...

Não vejo a hora de...

FOCO DO DIA

A fatia de bolo – depois dela, vou me sentir satisfeito e fortalecido pelo restante do dia:

LISTA DE TAREFAS

A cobertura de chantili:

A cereja do bolo:

Usei o controle de hábitos?

PAUSA PARA RECARREGAR

COMPROMISSOS E ANOTAÇÕES

Não é vergonhoso aceitar ideias alheias, e é corajoso poder admiti-lo.

HANS-JOCHEN VOGEL

PENSAMENTOS, IDEIAS E CONQUISTAS

S T Q Q S S D ___/___/______

Sou grato por...

Não vejo a hora de...

FOCO DO DIA

A fatia de bolo – depois dela, vou me sentir satisfeito e fortalecido pelo restante do dia:

LISTA DE TAREFAS

A cobertura de chantili:

A cereja do bolo:

Usei o controle de hábitos?

PAUSA PARA RECARREGAR

COMPROMISSOS E ANOTAÇÕES

Preste atenção nos seus pensamentos – eles são o começo dos seus atos.

BUDA

PENSAMENTOS, IDEIAS E CONQUISTAS

S T Q Q S S D __/__/____

Sou grato por...

Não vejo a hora de...

FOCO DO DIA

A fatia de bolo – depois dela, vou me sentir satisfeito e fortalecido pelo restante do dia:

LISTA DE TAREFAS

A cobertura de chantili:

A cereja do bolo:

Usei o controle de hábitos?

PAUSA PARA RECARREGAR

COMPROMISSOS E ANOTAÇÕES

Quanto mais prazer você encontrar no seu trabalho, mais bem pago ele será.
MARK TWAIN

PENSAMENTOS, IDEIAS E CONQUISTAS

VISÃO GERAL DA SEMANA

CALENDÁRIO E COMPROMISSOS

SEG ____________	TER ____________	QUA ____________
QUI ____________	SEX ____________	SÁB ____________

ANOTAÇÕES E IDEIAS

PLANEJAMENTO DA SEMANA

CONTROLE DE HÁBITOS

	S	T	Q	Q	S	S	D
1	○	○	○	○	○	○	○
2	○	○	○	○	○	○	○
3	○	○	○	○	○	○	○
4	○	○	○	○	○	○	○
5	○	○	○	○	○	○	○

FOCO DA SEMANA

Estas são as minhas grandes metas semanais.
Elas exercem a maior influência sobre o meu sucesso,
portanto, dia após dia, mantenho o meu foco nelas.

➝ META 1:	**➝ META 2:**
○	○
○	○
○	○

MINHA REFLEXÃO

PROPÓSITO E MOTIVAÇÃO

Com que intensidade segui meus valores esta semana?
Relembre esse tópico nas pp. 77-78.

1 2 3 4 5 6 7 8 9 10

CONQUISTAS E PROGRESSOS

O que fiz de muito bom na semana passada?
O que farei diferente na semana que vem?

S T Q Q S S D ___/___/______

Sou grato por...

Não vejo a hora de...

FOCO DO DIA

A fatia de bolo – depois dela, vou me sentir satisfeito e fortalecido pelo restante do dia:

LISTA DE TAREFAS

A cobertura de chantili:

A cereja do bolo:

Usei o controle de hábitos?

PAUSA PARA RECARREGAR

COMPROMISSOS E ANOTAÇÕES

Erros são a porta de entrada para descobertas.

JAMES JOYCE

PENSAMENTOS, IDEIAS E CONQUISTAS

S T Q Q S S D __/__/_____

Sou grato por...

Não vejo a hora de...

FOCO DO DIA

A fatia de bolo – depois dela, vou me sentir satisfeito e fortalecido pelo restante do dia:

○

LISTA DE TAREFAS

A cobertura de chantili:

- ○
- ○

A cereja do bolo:

- ○
- ○
- ○
- ○

Usei o controle de hábitos?

PAUSA PARA RECARREGAR

- ○
- ○

COMPROMISSOS E ANOTAÇÕES

Pessoas bem-sucedidas procuram por circunstâncias favoráveis, e, se não as encontram, elas mesmas as criam.

GEORGE BERNARD SHAW

PENSAMENTOS, IDEIAS E CONQUISTAS

S T Q Q S S D ___/___/______

Sou grato por...

Não vejo a hora de...

FOCO DO DIA

A fatia de bolo – depois dela, vou me sentir satisfeito e fortalecido pelo restante do dia:

LISTA DE TAREFAS

A cobertura de chantili:

A cereja do bolo:

Usei o controle de hábitos?

PAUSA PARA RECARREGAR

COMPROMISSOS E ANOTAÇÕES

A receita para a tranquilidade é simples: não devemos nos alterar por coisas que não conseguimos mudar.

HELEN VITA

PENSAMENTOS, IDEIAS E CONQUISTAS

S T Q Q S S D __/__/_____

Sou grato por...

Não vejo a hora de...

FOCO DO DIA

A fatia de bolo – depois dela, vou me sentir satisfeito e fortalecido pelo restante do dia:

LISTA DE TAREFAS

A cobertura de chantili:

A cereja do bolo:

Usei o controle de hábitos?

PAUSA PARA RECARREGAR

COMPROMISSOS E ANOTAÇÕES

Quem ousa pensar diferente pode se dar o luxo de estar errado às vezes.

HELMUT WEYH

PENSAMENTOS, IDEIAS E CONQUISTAS

S T Q Q S S D ___/___/______

Sou grato por...

Não vejo a hora de...

FOCO DO DIA

A fatia de bolo – depois dela, vou me sentir satisfeito e fortalecido pelo restante do dia:

○

LISTA DE TAREFAS

A cobertura de chantili:

○ ______

○ ______

A cereja do bolo:

○ ______

○ ______

○ ______

○ ______

Usei o controle de hábitos?

PAUSA PARA RECARREGAR

○ ______

○ ______

COMPROMISSOS E ANOTAÇÕES

Você não pode deter as ondas,
mas pode aprender a surfar.
JON KABAT-ZINN

PENSAMENTOS, IDEIAS E CONQUISTAS

S T Q Q S S D __/__/____

Sou grato por...

Não vejo a hora de...

FOCO DO DIA

A fatia de bolo – depois dela, vou me sentir satisfeito e fortalecido pelo restante do dia:

LISTA DE TAREFAS

A cobertura de chantili:

A cereja do bolo:

Usei o controle de hábitos?

PAUSA PARA RECARREGAR

COMPROMISSOS E ANOTAÇÕES

A base para uma organização saudável é um grande cesto de lixo.

FRIEDRICH SCHLEGEL

PENSAMENTOS, IDEIAS E CONQUISTAS

VISÃO GERAL DA SEMANA

CALENDÁRIO E COMPROMISSOS

SEG ________	TER ________	QUA ________
QUI ________	SEX ________	SÁB ________

ANOTAÇÕES E IDEIAS

PLANEJAMENTO DA SEMANA

CONTROLE DE HÁBITOS

	S	T	Q	Q	S	S	D
1	○	○	○	○	○	○	○
2	○	○	○	○	○	○	○
3	○	○	○	○	○	○	○
4	○	○	○	○	○	○	○
5	○	○	○	○	○	○	○

FOCO DA SEMANA

Estas são as minhas grandes metas semanais.
Elas exercem a maior influência sobre o meu sucesso,
portanto, dia após dia, mantenho o meu foco nelas.

→ META 1:	→ META 2:
○ ______	○ ______
○ ______	○ ______
○ ______	○ ______

MINHA REFLEXÃO

PROPÓSITO E MOTIVAÇÃO

Com que intensidade segui meus valores esta semana?
Relembre esse tópico nas pp. 77-78.

1 2 3 4 5 6 7 8 9 10

CONQUISTAS E PROGRESSOS

O que fiz de muito bom na semana passada?
O que farei diferente na semana que vem?

S T Q Q S S D ___/___/______

Sou grato por...

Não vejo a hora de...

FOCO DO DIA ⟵

A fatia de bolo – depois dela, vou me sentir satisfeito e fortalecido pelo restante do dia:

LISTA DE TAREFAS

A cobertura de chantili:

A cereja do bolo:

Usei o controle de hábitos?

PAUSA PARA RECARREGAR

COMPROMISSOS E ANOTAÇÕES

Uma pessoa disposta a fazer um trabalho realiza mais que cinco pessoas obrigadas a fazê-lo.

AXEL HAITZER

PENSAMENTOS, IDEIAS E CONQUISTAS

S T Q Q S S D __/__/______

Sou grato por...

Não vejo a hora de...

FOCO DO DIA

A fatia de bolo – depois dela, vou me sentir satisfeito e fortalecido pelo restante do dia:

○

LISTA DE TAREFAS

A cobertura de chantili:

○ __________

○ __________

A cereja do bolo:

○ __________

○ __________

○ __________

○ __________

Usei o controle de hábitos?

PAUSA PARA RECARREGAR

○ __________

○ __________

COMPROMISSOS E ANOTAÇÕES

Lembre-se sempre de que sem o seu consentimento ninguém pode fazer com que você se sinta inferior.
ELEANOR ROOSEVELT

PENSAMENTOS, IDEIAS E CONQUISTAS

S T Q Q S S D __/__/____

Sou grato por...

Não vejo a hora de...

FOCO DO DIA

A fatia de bolo – depois dela, vou me sentir satisfeito e fortalecido pelo restante do dia:

LISTA DE TAREFAS

A cobertura de chantili:

A cereja do bolo:

Usei o controle de hábitos?

PAUSA PARA RECARREGAR

COMPROMISSOS E ANOTAÇÕES

Um problema está parcialmente resolvido se for formulado de maneira clara.
JOHN DEWEY

PENSAMENTOS, IDEIAS E CONQUISTAS

S T Q Q S S D __/__/____

Sou grato por...

Não vejo a hora de...

FOCO DO DIA

A fatia de bolo – depois dela, vou me sentir satisfeito e fortalecido pelo restante do dia:

LISTA DE TAREFAS

A cobertura de chantili:

A cereja do bolo:

Usei o controle de hábitos?

PAUSA PARA RECARREGAR

COMPROMISSOS E ANOTAÇÕES

É uma pena que a maioria das pessoas pare de se esforçar assim que chega ao topo.
ALFRED POLGAR

PENSAMENTOS, IDEIAS E CONQUISTAS

S T Q Q S S D __/__/____

Sou grato por...

Não vejo a hora de...

FOCO DO DIA

A fatia de bolo – depois dela, vou me sentir satisfeito e fortalecido pelo restante do dia:

LISTA DE TAREFAS

A cobertura de chantili:

A cereja do bolo:

Usei o controle de hábitos?

PAUSA PARA RECARREGAR

COMPROMISSOS E ANOTAÇÕES

Não é o problema em si que nos causa dificuldades, mas a maneira como o enfrentamos.

VIKTOR FRANKL

PENSAMENTOS, IDEIAS E CONQUISTAS

S T Q Q S S D ___/___/______

Sou grato por...

Não vejo a hora de...

FOCO DO DIA

A fatia de bolo – depois dela, vou me sentir satisfeito e fortalecido pelo restante do dia:

LISTA DE TAREFAS

A cobertura de chantili:

A cereja do bolo:

Usei o controle de hábitos?

PAUSA PARA RECARREGAR

COMPROMISSOS E ANOTAÇÕES

O maior inimigo da qualidade é a pressa.

HENRY FORD

PENSAMENTOS, IDEIAS E CONQUISTAS

VISÃO GERAL DO MÊS

Mês ____________

CONQUISTA DO MÊS

Tenho orgulho destes marcos:

1 ____________

2 ____________

3 ____________

A AVALIAÇÃO DO MÊS

A produtividade de mãos dadas com a atenção plena: mantive o equilíbrio?

Foco e concentração	1	2	3	4	5	6	7	8	9	10
Propósito e motivação	1	2	3	4	5	6	7	8	9	10
Criatividade e inspiração	1	2	3	4	5	6	7	8	9	10
Produtividade	**1**	**2**	**3**	**4**	**5**	**6**	**7**	**8**	**9**	**10**

Gratidão	1	2	3	4	5	6	7	8	9	10
Saúde	1	2	3	4	5	6	7	8	9	10
Paz e tranquilidade	1	2	3	4	5	6	7	8	9	10
Atenção plena	**1**	**2**	**3**	**4**	**5**	**6**	**7**	**8**	**9**	**10**

Como foi nas outras áreas da vida?

Meu valor	1	2	3	4	5	6	7	8	9	10
Bons hábitos	1	2	3	4	5	6	7	8	9	10
Diversão	1	2	3	4	5	6	7	8	9	10
Finanças	1	2	3	4	5	6	7	8	9	10
Família	1	2	3	4	5	6	7	8	9	10
Relacionamentos	1	2	3	4	5	6	7	8	9	10
Humor geral	**1**	**2**	**3**	**4**	**5**	**6**	**7**	**8**	**9**	**10**

PROGRESSO

Este aprendizado levarei para o próximo mês:

VISÃO GERAL DO MÊS

Mês ____________

1 ____
2 ____
3 ____
4 ____
5 ____
6 ____
7 ____
8 ____
9 ____
10 ____
11 ____
12 ____
13 ____
14 ____
15 ____
16 ____
17 ____
18 ____
19 ____
20 ____
21 ____
22 ____
23 ____
24 ____
25 ____
26 ____
27 ____
28 ____
29 ____
30 ____
31 ____

VISÃO GERAL DA SEMANA

CALENDÁRIO E COMPROMISSOS

SEG ________	TER ________	QUA ________
QUI ________	SEX ________	SÁB ________

ANOTAÇÕES E IDEIAS

PLANEJAMENTO DA SEMANA

CONTROLE DE HÁBITOS

	S	T	Q	Q	S	S	D
1	○	○	○	○	○	○	○
2	○	○	○	○	○	○	○
3	○	○	○	○	○	○	○
4	○	○	○	○	○	○	○
5	○	○	○	○	○	○	○

FOCO DA SEMANA

Estas são as minhas grandes metas semanais.
Elas exercem a maior influência sobre o meu sucesso, portanto, dia após dia, mantenho o meu foco nelas.

→ **META 1:**	→ **META 2:**
○ ______	○ ______
○ ______	○ ______
○ ______	○ ______

MINHA REFLEXÃO

PROPÓSITO E MOTIVAÇÃO

Com que intensidade segui meus valores esta semana?
Relembre esse tópico nas pp. 77-78.

1 — 2 — 3 — 4 — 5 — 6 — 7 — 8 — 9 — 10

CONQUISTAS E PROGRESSOS

O que fiz de muito bom na semana passada?
O que farei diferente na semana que vem?

S T Q Q S S D ___/___/______

Sou grato por...

Não vejo a hora de...

FOCO DO DIA

A fatia de bolo – depois dela, vou me sentir satisfeito e fortalecido pelo restante do dia:

LISTA DE TAREFAS

A cobertura de chantili:

A cereja do bolo:

Usei o controle de hábitos?

PAUSA PARA RECARREGAR

COMPROMISSOS E ANOTAÇÕES

Só quem tem fogo dentro de si é capaz de acender a chama dentro de outros.

SANTO AGOSTINHO

PENSAMENTOS, IDEIAS E CONQUISTAS

S T Q Q S S D __/__/____

Sou grato por...

Não vejo a hora de...

FOCO DO DIA

A fatia de bolo – depois dela, vou me sentir satisfeito e fortalecido pelo restante do dia:

LISTA DE TAREFAS

A cobertura de chantili:

A cereja do bolo:

Usei o controle de hábitos?

PAUSA PARA RECARREGAR

COMPROMISSOS E ANOTAÇÕES

Um grama de bons exemplos vale mais que uma tonelada de palavras.
FRANCISCO DE SALES

PENSAMENTOS, IDEIAS E CONQUISTAS

S T Q Q S S D __/__/_____

Sou grato por...

Não vejo a hora de...

FOCO DO DIA

A fatia de bolo – depois dela, vou me sentir satisfeito e fortalecido pelo restante do dia:

LISTA DE TAREFAS

A cobertura de chantili:

A cereja do bolo:

Usei o controle de hábitos?

PAUSA PARA RECARREGAR

COMPROMISSOS E ANOTAÇÕES

Aquele que não tem um rumo definido sofre com seu destino. Aquele que tem um rumo molda o seu destino.
IMMANUEL KANT

PENSAMENTOS, IDEIAS E CONQUISTAS

S T Q Q S S D ___/___/______

Sou grato por...

Não vejo a hora de...

FOCO DO DIA

A fatia de bolo – depois dela, vou me sentir satisfeito e fortalecido pelo restante do dia:

LISTA DE TAREFAS

A cobertura de chantili:

A cereja do bolo:

Usei o controle de hábitos?

PAUSA PARA RECARREGAR

COMPROMISSOS E ANOTAÇÕES

A coragem nem sempre grita. Às vezes a coragem pode ser a voz baixinha no fim do dia que diz: amanhã eu tento de novo.

MARY ANNE RADMACHER

PENSAMENTOS, IDEIAS E CONQUISTAS

S T Q Q S S D __/__/____

Sou grato por...

Não vejo a hora de...

FOCO DO DIA ⟵

A fatia de bolo – depois dela, vou me sentir satisfeito e fortalecido pelo restante do dia:

○

LISTA DE TAREFAS

A cobertura de chantili:

- ○
- ○

A cereja do bolo:

- ○
- ○
- ○
- ○

Usei o controle de hábitos?

PAUSA PARA RECARREGAR

- ○
- ○

COMPROMISSOS E ANOTAÇÕES

É muito difícil encontrar a felicidade dentro de nós mesmos e é completamente impossível encontrá-la em outro lugar.
NICOLAS DE CHAMFORT

PENSAMENTOS, IDEIAS E CONQUISTAS

S T Q Q S S D ___/___/______

Sou grato por...

Não vejo a hora de...

FOCO DO DIA

A fatia de bolo – depois dela, vou me sentir satisfeito e fortalecido pelo restante do dia:

LISTA DE TAREFAS

A cobertura de chantili:

A cereja do bolo:

Usei o controle de hábitos?

PAUSA PARA RECARREGAR

COMPROMISSOS E ANOTAÇÕES

Dê mais sono às pessoas e elas estarão mais despertas quando estiverem acordadas.

KURT TUCHOLSKY

PENSAMENTOS, IDEIAS E CONQUISTAS

VISÃO GERAL DA SEMANA

CALENDÁRIO E COMPROMISSOS

SEG ________	TER ________	QUA ________
QUI ________	**SEX ________**	**SÁB ________**

ANOTAÇÕES E IDEIAS

PLANEJAMENTO DA SEMANA

CONTROLE DE HÁBITOS

	S	T	Q	Q	S	S	D
1	○	○	○	○	○	○	○
2	○	○	○	○	○	○	○
3	○	○	○	○	○	○	○
4	○	○	○	○	○	○	○
5	○	○	○	○	○	○	○

FOCO DA SEMANA

Estas são as minhas grandes metas semanais.
Elas exercem a maior influência sobre o meu sucesso,
portanto, dia após dia, mantenho o meu foco nelas.

→ META 1:	→ META 2:
○	○
○	○
○	○

MINHA REFLEXÃO

PROPÓSITO E MOTIVAÇÃO

Com que intensidade segui meus valores esta semana?
Relembre esse tópico nas pp. 77-78.

1 — 2 — 3 — 4 — 5 — 6 — 7 — 8 — 9 — 10

CONQUISTAS E PROGRESSOS

O que fiz de muito bom na semana passada?
O que farei diferente na semana que vem?

S T Q Q S S D ___/___/______

Sou grato por...

Não vejo a hora de...

FOCO DO DIA

A fatia de bolo – depois dela, vou me sentir satisfeito e fortalecido pelo restante do dia:

LISTA DE TAREFAS

A cobertura de chantili:

A cereja do bolo:

Usei o controle de hábitos?

PAUSA PARA RECARREGAR

COMPROMISSOS E ANOTAÇÕES

O melhor mirante para apreciar a vida é o da tranquilidade.
ERNST FERSTL

PENSAMENTOS, IDEIAS E CONQUISTAS

S T Q Q S S D __/__/_____

Sou grato por...

Não vejo a hora de...

FOCO DO DIA

A fatia de bolo – depois dela, vou me sentir satisfeito e fortalecido pelo restante do dia:

LISTA DE TAREFAS

A cobertura de chantili:

A cereja do bolo:

Usei o controle de hábitos?

PAUSA PARA RECARREGAR

COMPROMISSOS E ANOTAÇÕES

Não fazemos nada de extraordinário. Somos bem-sucedidos porque fazemos as coisas mais comuns de modo extraordinário.

UELI PRAGER

PENSAMENTOS, IDEIAS E CONQUISTAS

S T Q Q S S D ___/___/______

Sou grato por...

Não vejo a hora de...

FOCO DO DIA

A fatia de bolo – depois dela, vou me sentir satisfeito e fortalecido pelo restante do dia:

LISTA DE TAREFAS

A cobertura de chantili:

A cereja do bolo:

Usei o controle de hábitos?

PAUSA PARA RECARREGAR

COMPROMISSOS E ANOTAÇÕES

Ideais são como estrelas. Não podemos alcançá-los, mas podemos nos orientar por eles.

CARL SCHURZ

PENSAMENTOS, IDEIAS E CONQUISTAS

S T Q Q S S D __/__/_____

Sou grato por...

Não vejo a hora de...

FOCO DO DIA

A fatia de bolo – depois dela, vou me sentir satisfeito e fortalecido pelo restante do dia:

LISTA DE TAREFAS

A cobertura de chantili:

A cereja do bolo:

Usei o controle de hábitos?

PAUSA PARA RECARREGAR

COMPROMISSOS E ANOTAÇÕES

O poder de fazer perguntas
é a base de todo o progresso humano.
INDIRA GANDHI

PENSAMENTOS, IDEIAS E CONQUISTAS

S T Q Q S S D ___/___/______

Sou grato por...

Não vejo a hora de...

FOCO DO DIA

A fatia de bolo – depois dela, vou me sentir satisfeito e fortalecido pelo restante do dia:

LISTA DE TAREFAS

A cobertura de chantili:

A cereja do bolo:

Usei o controle de hábitos?

PAUSA PARA RECARREGAR

COMPROMISSOS E ANOTAÇÕES

Meditar meia hora por dia é essencial, exceto quando estamos muito ocupados. Nesse caso, é preciso uma hora inteira.

FRANCISCO DE SALES

PENSAMENTOS, IDEIAS E CONQUISTAS

S T Q Q S S D ___/___/______

Sou grato por...

Não vejo a hora de...

FOCO DO DIA

A fatia de bolo – depois dela, vou me sentir satisfeito e fortalecido pelo restante do dia:

LISTA DE TAREFAS

A cobertura de chantili:

A cereja do bolo:

Usei o controle de hábitos?

PAUSA PARA RECARREGAR

COMPROMISSOS E ANOTAÇÕES

Quando o trabalho é prazeroso,
metade dele já está pronto.
DITADO FRANCÊS

PENSAMENTOS, IDEIAS E CONQUISTAS

VISÃO GERAL DA SEMANA

CALENDÁRIO E COMPROMISSOS

SEG ____________	TER ____________	QUA ____________
QUI ____________	SEX ____________	SÁB ____________

ANOTAÇÕES E IDEIAS

PLANEJAMENTO DA SEMANA

CONTROLE DE HÁBITOS

	S	T	Q	Q	S	S	D
1	○	○	○	○	○	○	○
2	○	○	○	○	○	○	○
3	○	○	○	○	○	○	○
4	○	○	○	○	○	○	○
5	○	○	○	○	○	○	○

FOCO DA SEMANA

Estas são as minhas grandes metas semanais.
Elas exercem a maior influência sobre o meu sucesso, portanto, dia após dia, mantenho o meu foco nelas.

→ **META 1:**	→ **META 2:**
○	○
○	○
○	○

MINHA REFLEXÃO

PROPÓSITO E MOTIVAÇÃO

Com que intensidade segui meus valores esta semana?
Relembre esse tópico nas pp. 77-78.

1 2 3 4 5 6 7 8 9 10

CONQUISTAS E PROGRESSOS

O que fiz de muito bom na semana passada?
O que farei diferente na semana que vem?

S T Q Q S S D __/__/______

Sou grato por...

Não vejo a hora de...

FOCO DO DIA

A fatia de bolo – depois dela, vou me sentir satisfeito e fortalecido pelo restante do dia:

○

LISTA DE TAREFAS

A cobertura de chantili:

○ __________

○ __________

A cereja do bolo:

○ __________

○ __________

○ __________

○ __________

Usei o controle de hábitos?

PAUSA PARA RECARREGAR

○ __________

○ __________

COMPROMISSOS E ANOTAÇÕES

Com golpes pequenos também é possível derrubar grandes árvores.
BENJAMIN FRANKLIN

PENSAMENTOS, IDEIAS E CONQUISTAS

S T Q Q S S D ___/___/______

Sou grato por...

Não vejo a hora de...

FOCO DO DIA

A fatia de bolo – depois dela, vou me sentir satisfeito e fortalecido pelo restante do dia:

LISTA DE TAREFAS

A cobertura de chantili:

- ○
- ○

A cereja do bolo:

- ○
- ○
- ○
- ○

Usei o controle de hábitos?

PAUSA PARA RECARREGAR

- ○
- ○

COMPROMISSOS E ANOTAÇÕES

Não meço o sucesso pela quantidade de vitórias, mas sim pelo progresso a cada ano.
TIGER WOODS

PENSAMENTOS, IDEIAS E CONQUISTAS

S T Q Q S S D ___/___/______

Sou grato por...

Não vejo a hora de...

FOCO DO DIA

A fatia de bolo – depois dela, vou me sentir satisfeito e fortalecido pelo restante do dia:

LISTA DE TAREFAS

A cobertura de chantili:

A cereja do bolo:

Usei o controle de hábitos?

PAUSA PARA RECARREGAR

COMPROMISSOS E ANOTAÇÕES

Simplesmente seja honesto consigo mesmo.
É assim que você abre qualquer porta.
VERNON HOWARD

PENSAMENTOS, IDEIAS E CONQUISTAS

S T Q Q S S D ___/___/_____

Sou grato por...

Não vejo a hora de...

FOCO DO DIA

A fatia de bolo – depois dela, vou me sentir satisfeito e fortalecido pelo restante do dia:

LISTA DE TAREFAS

A cobertura de chantili:

A cereja do bolo:

Usei o controle de hábitos?

PAUSA PARA RECARREGAR

COMPROMISSOS E ANOTAÇÕES

Se eu pudesse viver a minha vida mais uma vez, cometeria os mesmos erros. Mas um pouco mais cedo, para tirar o máximo proveito deles. MARLENE DIETRICH

PENSAMENTOS, IDEIAS E CONQUISTAS

S T Q Q S S D ___/___/______

Sou grato por...

Não vejo a hora de...

FOCO DO DIA

A fatia de bolo – depois dela, vou me sentir satisfeito e fortalecido pelo restante do dia:

LISTA DE TAREFAS

A cobertura de chantili:

A cereja do bolo:

Usei o controle de hábitos?

PAUSA PARA RECARREGAR

COMPROMISSOS E ANOTAÇÕES

Lembre-se de que a felicidade não depende de quem você é ou do que você tem, depende do que você pensa.

DALE CARNEGIE

PENSAMENTOS, IDEIAS E CONQUISTAS

S T Q Q S S D ___/___/______

Sou grato por...

Não vejo a hora de...

FOCO DO DIA

A fatia de bolo – depois dela, vou me sentir satisfeito e fortalecido pelo restante do dia:

LISTA DE TAREFAS

A cobertura de chantili:

A cereja do bolo:

Usei o controle de hábitos?

PAUSA PARA RECARREGAR

COMPROMISSOS E ANOTAÇÕES

As pausas são os buracos no queijo da vida.
WALTRAUD PUZICHA

PENSAMENTOS, IDEIAS E CONQUISTAS

66 dias

O Diário do sucesso *agora faz parte de você*

Parabéns! Se você está lendo estas linhas, conseguiu subir ao pódio da primeira etapa. Agora você pertence ao círculo de pessoas que fazem acontecer. Não está mais naquele grupo que fala, fala e nunca realiza seus planos. Tenha orgulho de si mesmo! Folheie as páginas que você preencheu e desfrute do sentimento de ter alcançado aquilo que planejou fazer.

Como você já sabe, os novos hábitos demoram, em média, 66 dias para se fixar. Produtividade, atenção plena, tranquilidade e foco naquilo que realmente faz bem: todos esses hábitos positivos tornaram-se parte de você graças a este diário. E assim será a cada fio novo que você tecer dia após dia, construindo uma teia de hábitos positivos que o deixarão cada vez mais perto de suas metas pessoais.

É claro que isso ainda não é o bastante, e obviamente 66 dias não são uma medida de tempo exata que vale para todos, mas a questão principal é que você está no melhor caminho possível.

> “*O hábito é como uma corda. Todos os dias tecemos um fio até que se torna impossível arrebentá-la.*
>
> HORACE MANN

"

Quem segue por um caminho próprio jamais será ultrapassado.

MARLON BRANDO

O MARCO DOS 66 DIAS

Data ___/___/______

Nos últimos meses, você se manteve focado em seu valor mais importante, foi atrás de suas metas pessoais e construiu hábitos que o auxiliaram a conquistar esse objetivo. Chegou a hora de fazer uma avaliação. Aqui você terá a oportunidade de escutar a si mesmo, registrar seus aprendizados e planejar os próximos passos.

VALOR

Este foi o meu valor nos últimos 66 dias:

____

MEIO-TEMPO **Responda honestamente às seguintes declarações:**	**Sim, muito**	**Não**
> Estou mais próximo do meu valor.	○	○
> Alcancei muitas das minhas metas.	○	○
> Criei hábitos que me ajudaram a viver o meu valor todos os dias.	○	○
> Quero continuar a trabalhar nesse mesmo valor.	○	○
> Prefiro me dedicar ao próximo valor.	○	○

O MARCO DOS 66 DIAS

Data ___/___/______

Está começando a segunda fase do *Diário do sucesso*. Utilize os próximos 66 dias para viver ainda mais intensamente um de seus valores. Não importa se é o mesmo da primeira etapa ou se vai querer mudá-lo: bem-vindo a uma nova oportunidade de trazer mais sentido e motivação à sua vida. Leve em consideração o que aprendeu até aqui e seja ambicioso, mas realista, ao estabelecer as suas metas. Encontrar o equilíbrio não é fácil, porém é possível.

VALOR

Vou me concentrar neste valor pelos próximos 66 dias.

1

METAS

São estas as metas que, com base no meu valor, quero alcançar.

1	2	3

HÁBITOS

São estes os hábitos que me ajudarão a atingir as minhas metas e a viver de acordo com o valor que escolhi.

1	2	3

VISÃO GERAL DA SEMANA

CALENDÁRIO E COMPROMISSOS

SEG ____________	TER ____________	QUA ____________
QUI ____________	SEX ____________	SÁB ____________

ANOTAÇÕES E IDEIAS

PLANEJAMENTO DA SEMANA

CONTROLE DE HÁBITOS

	S	T	Q	Q	S	S	D
1	○	○	○	○	○	○	○
2	○	○	○	○	○	○	○
3	○	○	○	○	○	○	○
4	○	○	○	○	○	○	○
5	○	○	○	○	○	○	○

FOCO DA SEMANA

Estas são as minhas grandes metas semanais.
Elas exercem a maior influência sobre o meu sucesso,
portanto, dia após dia, mantenho o meu foco nelas.

→ META 1:

- ○ ________
- ○ ________
- ○ ________

→ META 2:

- ○ ________
- ○ ________
- ○ ________

MINHA REFLEXÃO

PROPÓSITO E MOTIVAÇÃO

Com que intensidade segui meus valores esta semana?
Relembre esse tópico nas pp. 77-78.

1 — 2 — 3 — 4 — 5 — 6 — 7 — 8 — 9 — 10

CONQUISTAS E PROGRESSOS

O que fiz de muito bom na semana passada?
O que farei diferente na semana que vem?

S T Q Q S S D __/__/____

Sou grato por...

Não vejo a hora de...

FOCO DO DIA

A fatia de bolo – depois dela, vou me sentir satisfeito e fortalecido pelo restante do dia:

LISTA DE TAREFAS

A cobertura de chantili:

A cereja do bolo:

Usei o controle de hábitos?

PAUSA PARA RECARREGAR

COMPROMISSOS E ANOTAÇÕES

Pessoas geniais começam grandes obras. Pessoas dedicadas costumam terminá-las.

LEONARDO DA VINCI

PENSAMENTOS, IDEIAS E CONQUISTAS

S T Q Q S S D ___/___/______

Sou grato por...

Não vejo a hora de...

➳ FOCO DO DIA

A fatia de bolo – depois dela, vou me sentir satisfeito e fortalecido pelo restante do dia:

LISTA DE TAREFAS

A cobertura de chantili:

A cereja do bolo:

Usei o controle de hábitos?

PAUSA PARA RECARREGAR

COMPROMISSOS E ANOTAÇÕES

O sucesso dura mais quando o alcançamos sem abrir mão dos nossos princípios.

WALTER CRONKITE

PENSAMENTOS, IDEIAS E CONQUISTAS

S T Q Q S S D ___/___/______

Sou grato por...

Não vejo a hora de...

FOCO DO DIA

A fatia de bolo – depois dela, vou me sentir satisfeito e fortalecido pelo restante do dia:

LISTA DE TAREFAS

A cobertura de chantili:

A cereja do bolo:

Usei o controle de hábitos?

PAUSA PARA RECARREGAR

COMPROMISSOS E ANOTAÇÕES

Concentração é motivação direcionada.

ANDREAS TENZER

PENSAMENTOS, IDEIAS E CONQUISTAS

S T Q Q S S D ___/___/______

Sou grato por...

Não vejo a hora de...

FOCO DO DIA

A fatia de bolo – depois dela, vou me sentir satisfeito
e fortalecido pelo restante do dia:

LISTA DE TAREFAS

A cobertura de chantili:

A cereja do bolo:

Usei o controle de hábitos?

PAUSA PARA RECARREGAR

COMPROMISSOS E ANOTAÇÕES

A sensação de limite não significa o fim das possibilidades,
mas sim uma oportunidade de crescimento pessoal.
EMIL GÖTT

PENSAMENTOS, IDEIAS E CONQUISTAS

S T Q Q S S D ___/___/______

Sou grato por...

Não vejo a hora de...

FOCO DO DIA

A fatia de bolo – depois dela, vou me sentir satisfeito e fortalecido pelo restante do dia:

LISTA DE TAREFAS

A cobertura de chantili:

A cereja do bolo:

Usei o controle de hábitos?

PAUSA PARA RECARREGAR

COMPROMISSOS E ANOTAÇÕES

Se as pessoas mudam a sua disposição interior, podem mudar as circunstâncias exteriores de sua vida.

WILLIAM JAMES

PENSAMENTOS, IDEIAS E CONQUISTAS

S T Q Q S S D __/__/____

Sou grato por...

Não vejo a hora de...

FOCO DO DIA

A fatia de bolo – depois dela, vou me sentir satisfeito e fortalecido pelo restante do dia:

LISTA DE TAREFAS

A cobertura de chantili:

A cereja do bolo:

Usei o controle de hábitos?

PAUSA PARA RECARREGAR

COMPROMISSOS E ANOTAÇÕES

O caminho para o equilíbrio atravessa altos e baixos.

ERNST FERSTL

PENSAMENTOS, IDEIAS E CONQUISTAS

VISÃO GERAL DO MÊS

Mês ____________

CONQUISTA DO MÊS

Tenho orgulho destes marcos:

1 ____________

2 ____________

3 ____________

A AVALIAÇÃO DO MÊS

A produtividade de mãos dadas com a atenção plena: mantive o equilíbrio?

Foco e concentração	1	2	3	4	5	6	7	8	9	10
Propósito e motivação	1	2	3	4	5	6	7	8	9	10
Criatividade e inspiração	1	2	3	4	5	6	7	8	9	10
Produtividade	**1**	**2**	**3**	**4**	**5**	**6**	**7**	**8**	**9**	**10**

Gratidão	1	2	3	4	5	6	7	8	9	10
Saúde	1	2	3	4	5	6	7	8	9	10
Paz e tranquilidade	1	2	3	4	5	6	7	8	9	10
Atenção plena	**1**	**2**	**3**	**4**	**5**	**6**	**7**	**8**	**9**	**10**

Como foi nas outras áreas da vida?

Meu valor	1	2	3	4	5	6	7	8	9	10
Bons hábitos	1	2	3	4	5	6	7	8	9	10
Diversão	1	2	3	4	5	6	7	8	9	10
Finanças	1	2	3	4	5	6	7	8	9	10
Família	1	2	3	4	5	6	7	8	9	10
Relacionamentos	1	2	3	4	5	6	7	8	9	10
Humor geral	**1**	**2**	**3**	**4**	**5**	**6**	**7**	**8**	**9**	**10**

PROGRESSO

Este aprendizado levarei para o próximo mês:

VISÃO GERAL DO MÊS

Mês ______________

1 ______
2 ______
3 ______
4 ______
5 ______
6 ______
7 ______
8 ______
9 ______
10 ______
11 ______
12 ______
13 ______
14 ______
15 ______
16 ______
17 ______
18 ______
19 ______
20 ______
21 ______
22 ______
23 ______
24 ______
25 ______
26 ______
27 ______
28 ______
29 ______
30 ______
31 ______

VISÃO GERAL DA SEMANA

CALENDÁRIO E COMPROMISSOS

SEG ______	TER ______	QUA ______
QUI ______	**SEX ______**	**SÁB ______**

ANOTAÇÕES E IDEIAS

PLANEJAMENTO DA SEMANA

CONTROLE DE HÁBITOS

	S	T	Q	Q	S	S	D
1	○	○	○	○	○	○	○
2	○	○	○	○	○	○	○
3	○	○	○	○	○	○	○
4	○	○	○	○	○	○	○
5	○	○	○	○	○	○	○

FOCO DA SEMANA

Estas são as minhas grandes metas semanais.
Elas exercem a maior influência sobre o meu sucesso,
portanto, dia após dia, mantenho o meu foco nelas.

→ META 1:

○ ____________________

○ ____________________

○ ____________________

→ META 2:

○ ____________________

○ ____________________

○ ____________________

MINHA REFLEXÃO

PROPÓSITO E MOTIVAÇÃO

Com que intensidade segui meus valores esta semana?
Relembre esse tópico nas pp. 77-78.

1 — 2 — 3 — 4 — 5 — 6 — 7 — 8 — 9 — 10

CONQUISTAS E PROGRESSOS

O que fiz de muito bom na semana passada?
O que farei diferente na semana que vem?

S T Q Q S S D ___/___/______

Sou grato por...

Não vejo a hora de...

FOCO DO DIA

A fatia de bolo – depois dela, vou me sentir satisfeito e fortalecido pelo restante do dia:

LISTA DE TAREFAS

A cobertura de chantili:

A cereja do bolo:

Usei o controle de hábitos?

PAUSA PARA RECARREGAR

COMPROMISSOS E ANOTAÇÕES

Aquele que procura o caminho mais confortável não chega ao topo.

FRED AMMON

PENSAMENTOS, IDEIAS E CONQUISTAS

S T Q Q S S D __/__/____

Sou grato por...

Não vejo a hora de...

FOCO DO DIA

A fatia de bolo – depois dela, vou me sentir satisfeito e fortalecido pelo restante do dia:

LISTA DE TAREFAS

A cobertura de chantili:

A cereja do bolo:

Usei o controle de hábitos?

PAUSA PARA RECARREGAR

COMPROMISSOS E ANOTAÇÕES

Alguns devem seu sucesso aos bons conselhos que não seguiram.

FERENC MOLNÁR

PENSAMENTOS, IDEIAS E CONQUISTAS

S T Q Q S S D ___/___/______

Sou grato por...

Não vejo a hora de...

FOCO DO DIA

A fatia de bolo – depois dela, vou me sentir satisfeito e fortalecido pelo restante do dia:

LISTA DE TAREFAS

A cobertura de chantili:

A cereja do bolo:

Usei o controle de hábitos?

PAUSA PARA RECARREGAR

COMPROMISSOS E ANOTAÇÕES

Quem age quando os outros só estão conversando tem uma vantagem na vida.
JOHN F. KENNEDY

PENSAMENTOS, IDEIAS E CONQUISTAS

S T Q Q S S D __/__/____

Sou grato por...

Não vejo a hora de...

FOCO DO DIA

A fatia de bolo – depois dela, vou me sentir satisfeito e fortalecido pelo restante do dia:

LISTA DE TAREFAS

A cobertura de chantili:

A cereja do bolo:

Usei o controle de hábitos?

PAUSA PARA RECARREGAR

COMPROMISSOS E ANOTAÇÕES

Extraordinário é o anseio por conhecimento.
TOMÁS DE AQUINO

PENSAMENTOS, IDEIAS E CONQUISTAS

S T Q Q S S D __/__/_____

Sou grato por...

Não vejo a hora de...

FOCO DO DIA

A fatia de bolo – depois dela, vou me sentir satisfeito e fortalecido pelo restante do dia:

LISTA DE TAREFAS

A cobertura de chantili:

A cereja do bolo:

Usei o controle de hábitos?

PAUSA PARA RECARREGAR

COMPROMISSOS E ANOTAÇÕES

A felicidade é um terno feito sob medida. Infelizes são aqueles que, na maioria das vezes, querem usar o terno feito sob medida para outra pessoa. KARL BÖHM

PENSAMENTOS, IDEIAS E CONQUISTAS

S T Q Q S S D ___/___/______

Sou grato por...

Não vejo a hora de...

FOCO DO DIA

A fatia de bolo – depois dela, vou me sentir satisfeito e fortalecido pelo restante do dia:

LISTA DE TAREFAS

A cobertura de chantili:

A cereja do bolo:

Usei o controle de hábitos?

PAUSA PARA RECARREGAR

COMPROMISSOS E ANOTAÇÕES

É preciso ponderar sobre tudo,
até mesmo sobre o prazer.
EDUARD VON BAUERNFELD

PENSAMENTOS, IDEIAS E CONQUISTAS

VISÃO GERAL DA SEMANA

CALENDÁRIO E COMPROMISSOS

SEG ______	TER ______	QUA ______
QUI ______	SEX ______	SÁB ______

ANOTAÇÕES E IDEIAS

PLANEJAMENTO DA SEMANA

CONTROLE DE HÁBITOS

	S	T	Q	Q	S	S	D
1	○	○	○	○	○	○	○
2	○	○	○	○	○	○	○
3	○	○	○	○	○	○	○
4	○	○	○	○	○	○	○
5	○	○	○	○	○	○	○

FOCO DA SEMANA

Estas são as minhas grandes metas semanais.
Elas exercem a maior influência sobre o meu sucesso, portanto, dia após dia, mantenho o meu foco nelas.

➳ META 1:

○ ____

○ ____

○ ____

➳ META 2:

○ ____

○ ____

○ ____

MINHA REFLEXÃO

PROPÓSITO E MOTIVAÇÃO

Com que intensidade segui meus valores esta semana?
Relembre esse tópico nas pp. 77-78.

1 — 2 — 3 — 4 — 5 — 6 — 7 — 8 — 9 — 10

CONQUISTAS E PROGRESSOS

O que fiz de muito bom na semana passada?
O que farei diferente na semana que vem?

S T Q Q S S D __/__/____

Sou grato por...

Não vejo a hora de...

FOCO DO DIA

A fatia de bolo – depois dela, vou me sentir satisfeito e fortalecido pelo restante do dia:

LISTA DE TAREFAS

A cobertura de chantili:

A cereja do bolo:

Usei o controle de hábitos?

PAUSA PARA RECARREGAR

COMPROMISSOS E ANOTAÇÕES

Fazer a coisa certa (eficácia) é mais importante do que fazer certo alguma coisa (eficiência).

PETER DRUCKER

PENSAMENTOS, IDEIAS E CONQUISTAS

S T Q Q S S D ___/___/______

Sou grato por...

Não vejo a hora de...

FOCO DO DIA

A fatia de bolo – depois dela, vou me sentir satisfeito e fortalecido pelo restante do dia:

○

LISTA DE TAREFAS

COMPROMISSOS E ANOTAÇÕES

A cobertura de chantili:

○ ____________

○ ____________

A cereja do bolo:

○ ____________

○ ____________

○ ____________

○ ____________

Usei o controle de hábitos?

PAUSA PARA RECARREGAR

○ ____________

○ ____________

O segredo do sucesso é conhecido apenas por aqueles que já fracassaram.

ANTOINE DE SAINT-EXUPÉRY

PENSAMENTOS, IDEIAS E CONQUISTAS

S T Q Q S S D ___/___/______

Sou grato por...

Não vejo a hora de...

FOCO DO DIA

A fatia de bolo – depois dela, vou me sentir satisfeito e fortalecido pelo restante do dia:

LISTA DE TAREFAS

A cobertura de chantili:

A cereja do bolo:

Usei o controle de hábitos?

PAUSA PARA RECARREGAR

COMPROMISSOS E ANOTAÇÕES

Use os talentos que você tem. As florestas seriam muito quietas se apenas os pássaros mais talentosos cantassem lá.

HENRY VON DYKE

PENSAMENTOS, IDEIAS E CONQUISTAS

S T Q Q S S D __/__/____

Sou grato por...

Não vejo a hora de...

FOCO DO DIA

A fatia de bolo – depois dela, vou me sentir satisfeito e fortalecido pelo restante do dia:

LISTA DE TAREFAS

A cobertura de chantili:

A cereja do bolo:

Usei o controle de hábitos?

PAUSA PARA RECARREGAR

COMPROMISSOS E ANOTAÇÕES

Um homem sábio não comete sozinho todos os erros. Ele dá oportunidade aos outros.

WINSTON CHURCHILL

PENSAMENTOS, IDEIAS E CONQUISTAS

S T Q Q S S D __/__/____

Sou grato por...

Não vejo a hora de...

FOCO DO DIA

A fatia de bolo – depois dela, vou me sentir satisfeito e fortalecido pelo restante do dia:

LISTA DE TAREFAS

A cobertura de chantili:

A cereja do bolo:

Usei o controle de hábitos?

PAUSA PARA RECARREGAR

COMPROMISSOS E ANOTAÇÕES

Alegria é exatamente o que está acontecendo agora.
Pena que não vejamos dessa maneira.
CHARLOTTE JOKO BECK

PENSAMENTOS, IDEIAS E CONQUISTAS

S T Q Q S S D ___/___/_____

Sou grato por...

Não vejo a hora de...

FOCO DO DIA

A fatia de bolo – depois dela, vou me sentir satisfeito e fortalecido pelo restante do dia:

LISTA DE TAREFAS

A cobertura de chantili:

A cereja do bolo:

Usei o controle de hábitos?

PAUSA PARA RECARREGAR

COMPROMISSOS E ANOTAÇÕES

Não se deixe abater.
Seja atrevido, bravo e maravilhoso.
ASTRID LINDGREN

PENSAMENTOS, IDEIAS E CONQUISTAS

VISÃO GERAL DA SEMANA

CALENDÁRIO E COMPROMISSOS

SEG ____________	TER ____________	QUA ____________
QUI ____________	SEX ____________	SÁB ____________

ANOTAÇÕES E IDEIAS

PLANEJAMENTO DA SEMANA

CONTROLE DE HÁBITOS

	S	T	Q	Q	S	S	D
1	○	○	○	○	○	○	○
2	○	○	○	○	○	○	○
3	○	○	○	○	○	○	○
4	○	○	○	○	○	○	○
5	○	○	○	○	○	○	○

FOCO DA SEMANA

Estas são as minhas grandes metas semanais.
Elas exercem a maior influência sobre o meu sucesso,
portanto, dia após dia, mantenho o meu foco nelas.

➝ META 1:	➝ META 2:
○ ______	○ ______
○ ______	○ ______
○ ______	○ ______

MINHA REFLEXÃO

PROPÓSITO E MOTIVAÇÃO

Com que intensidade segui meus valores esta semana?
Relembre esse tópico nas pp. 77-78.

1 — 2 — 3 — 4 — 5 — 6 — 7 — 8 — 9 — 10

CONQUISTAS E PROGRESSOS

O que fiz de muito bom na semana passada?
O que farei diferente na semana que vem?

S T Q Q S S D __/__/_____

Sou grato por...

Não vejo a hora de...

FOCO DO DIA

A fatia de bolo – depois dela, vou me sentir satisfeito e fortalecido pelo restante do dia:

LISTA DE TAREFAS

A cobertura de chantili:

A cereja do bolo:

Usei o controle de hábitos?

PAUSA PARA RECARREGAR

COMPROMISSOS E ANOTAÇÕES

Se você esperar que as oportunidades surjam, será mais um na multidão.

EDWARD DE BONO

PENSAMENTOS, IDEIAS E CONQUISTAS

S T Q Q S S D ___/___/______

Sou grato por...

Não vejo a hora de...

FOCO DO DIA

A fatia de bolo – depois dela, vou me sentir satisfeito e fortalecido pelo restante do dia:

LISTA DE TAREFAS

A cobertura de chantili:

A cereja do bolo:

Usei o controle de hábitos?

PAUSA PARA RECARREGAR

COMPROMISSOS E ANOTAÇÕES

Não há nada no mundo tão irresistivelmente contagioso quanto o riso e o bom humor.
CHARLES DICKENS

PENSAMENTOS, IDEIAS E CONQUISTAS

S T Q Q S S D ___/___/______

Sou grato por...

Não vejo a hora de...

FOCO DO DIA

A fatia de bolo – depois dela, vou me sentir satisfeito e fortalecido pelo restante do dia:

LISTA DE TAREFAS

A cobertura de chantili:

A cereja do bolo:

Usei o controle de hábitos?

PAUSA PARA RECARREGAR

COMPROMISSOS E ANOTAÇÕES

Se você quiser mudar o mundo, comece pela pessoa que vê no espelho todas as manhãs.
SIMONE WEIL

PENSAMENTOS, IDEIAS E CONQUISTAS

S T Q Q S S D ___/___/______

Sou grato por...

Não vejo a hora de...

FOCO DO DIA

A fatia de bolo – depois dela, vou me sentir satisfeito e fortalecido pelo restante do dia:

LISTA DE TAREFAS

A cobertura de chantili:

A cereja do bolo:

Usei o controle de hábitos?

PAUSA PARA RECARREGAR

COMPROMISSOS E ANOTAÇÕES

O objetivo de um conflito ou de uma discussão não deve ser a vitória, mas o progresso.

JOSEPH JOUBERT

PENSAMENTOS, IDEIAS E CONQUISTAS

S T Q Q S S D ___/___/_____

Sou grato por...

Não vejo a hora de...

FOCO DO DIA

A fatia de bolo – depois dela, vou me sentir satisfeito e fortalecido pelo restante do dia:

LISTA DE TAREFAS

A cobertura de chantili:

A cereja do bolo:

Usei o controle de hábitos?

PAUSA PARA RECARREGAR

COMPROMISSOS E ANOTAÇÕES

A melhor maneira de se preocupar com o futuro consiste em debruçar-se cuidadosamente sobre o presente.

THICH NHAT HANH

PENSAMENTOS, IDEIAS E CONQUISTAS

S T Q Q S S D ___/___/______

Sou grato por...

Não vejo a hora de...

FOCO DO DIA

A fatia de bolo – depois dela, vou me sentir satisfeito e fortalecido pelo restante do dia:

LISTA DE TAREFAS

A cobertura de chantili:

A cereja do bolo:

Usei o controle de hábitos?

PAUSA PARA RECARREGAR

COMPROMISSOS E ANOTAÇÕES

Tensão e relaxamento são dois polos que determinam a vida.
GUDRUN ZYDEK

PENSAMENTOS, IDEIAS E CONQUISTAS

VISÃO GERAL DA SEMANA

CALENDÁRIO E COMPROMISSOS

SEG ______	TER ______	QUA ______
QUI ______	SEX ______	SÁB ______

ANOTAÇÕES E IDEIAS

PLANEJAMENTO DA SEMANA

CONTROLE DE HÁBITOS

	S	T	Q	Q	S	S	D
1	○	○	○	○	○	○	○
2	○	○	○	○	○	○	○
3	○	○	○	○	○	○	○
4	○	○	○	○	○	○	○
5	○	○	○	○	○	○	○

FOCO DA SEMANA

Estas são as minhas grandes metas semanais.
Elas exercem a maior influência sobre o meu sucesso,
portanto, dia após dia, mantenho o meu foco nelas.

→ **META 1:**	→ **META 2:**
○ ______	○ ______
○ ______	○ ______
○ ______	○ ______

MINHA REFLEXÃO

PROPÓSITO E MOTIVAÇÃO

Com que intensidade segui meus valores esta semana?
Relembre esse tópico nas pp. 77-78.

1 2 3 4 5 6 7 8 9 10

CONQUISTAS E PROGRESSOS

O que fiz de muito bom na semana passada?
O que farei diferente na semana que vem?

S T Q Q S S D __/__/____

Sou grato por...

Não vejo a hora de...

FOCO DO DIA

A fatia de bolo – depois dela, vou me sentir satisfeito e fortalecido pelo restante do dia:

○

LISTA DE TAREFAS

A cobertura de chantili:

○ ________

○ ________

A cereja do bolo:

○ ________

○ ________

○ ________

○ ________

Usei o controle de hábitos?

PAUSA PARA RECARREGAR

○ ________

○ ________

COMPROMISSOS E ANOTAÇÕES

O selo postal se mantém colado à carta até chegar ao seu destino. Deveríamos imitá-lo no que diz respeito a nossos objetivos.

JOSH BILLINGS

PENSAMENTOS, IDEIAS E CONQUISTAS

S T Q Q S S D ___/___/______

Sou grato por...

Não vejo a hora de...

____

____

→ **FOCO DO DIA**

A fatia de bolo – depois dela, vou me sentir satisfeito e fortalecido pelo restante do dia:

○

LISTA DE TAREFAS

A cobertura de chantili:

○ ______________________

○ ______________________

A cereja do bolo:

○ ______________________

○ ______________________

○ ______________________

○ ______________________

Usei o controle de hábitos?

PAUSA PARA RECARREGAR

○ ______________________

○ ______________________

COMPROMISSOS E ANOTAÇÕES

O sucesso alcança principalmente quem age com ousadia, e não quem pondera sobre tudo mas não ousa nunca.

PETER JUNGE

PENSAMENTOS, IDEIAS E CONQUISTAS

S T Q Q S S D ___/___/______

Sou grato por...

Não vejo a hora de...

FOCO DO DIA

A fatia de bolo – depois dela, vou me sentir satisfeito e fortalecido pelo restante do dia:

LISTA DE TAREFAS

A cobertura de chantili:

A cereja do bolo:

Usei o controle de hábitos?

PAUSA PARA RECARREGAR

COMPROMISSOS E ANOTAÇÕES

Não perca tempo procurando um obstáculo.
Talvez ele não exista.

FRANZ KAFKA

PENSAMENTOS, IDEIAS E CONQUISTAS

S T Q Q S S D ___/___/______

Sou grato por...

Não vejo a hora de...

FOCO DO DIA

A fatia de bolo – depois dela, vou me sentir satisfeito e fortalecido pelo restante do dia:

LISTA DE TAREFAS

A cobertura de chantili:

A cereja do bolo:

Usei o controle de hábitos?

PAUSA PARA RECARREGAR

COMPROMISSOS E ANOTAÇÕES

Não é vergonha não saber nada, mas sim não querer aprender nada.
SÓCRATES

PENSAMENTOS, IDEIAS E CONQUISTAS

S T Q Q S S D __/__/____

Sou grato por...

Não vejo a hora de...

FOCO DO DIA

A fatia de bolo – depois dela, vou me sentir satisfeito e fortalecido pelo restante do dia:

LISTA DE TAREFAS

A cobertura de chantili:

A cereja do bolo:

Usei o controle de hábitos?

PAUSA PARA RECARREGAR

COMPROMISSOS E ANOTAÇÕES

Cabe a nós enxergar a sorte ou o infortúnio no que quer que aconteça.
ANTHONY DE MELLO

PENSAMENTOS, IDEIAS E CONQUISTAS

S T Q Q S S D ___/___/______

Sou grato por...

Não vejo a hora de...

FOCO DO DIA

A fatia de bolo – depois dela, vou me sentir satisfeito e fortalecido pelo restante do dia:

LISTA DE TAREFAS

A cobertura de chantili:

A cereja do bolo:

Usei o controle de hábitos?

PAUSA PARA RECARREGAR

COMPROMISSOS E ANOTAÇÕES

Tudo que você faz de bom humor fica fácil.

PROVÉRBIO HÚNGARO

PENSAMENTOS, IDEIAS E CONQUISTAS

VISÃO GERAL DO MÊS

Mês ____________

CONQUISTA DO MÊS

Tenho orgulho destes marcos:

1 ____________

2 ____________

3 ____________

A AVALIAÇÃO DO MÊS

A produtividade de mãos dadas com a atenção plena: mantive o equilíbrio?

Foco e concentração	1	2	3	4	5	6	7	8	9	10
Propósito e motivação	1	2	3	4	5	6	7	8	9	10
Criatividade e inspiração	1	2	3	4	5	6	7	8	9	10
Produtividade	**1**	**2**	**3**	**4**	**5**	**6**	**7**	**8**	**9**	**10**

Gratidão	1	2	3	4	5	6	7	8	9	10
Saúde	1	2	3	4	5	6	7	8	9	10
Paz e tranquilidade	1	2	3	4	5	6	7	8	9	10
Atenção plena	**1**	**2**	**3**	**4**	**5**	**6**	**7**	**8**	**9**	**10**

Como foi nas outras áreas da vida?

Meu valor	1	2	3	4	5	6	7	8	9	10
Bons hábitos	1	2	3	4	5	6	7	8	9	10
Diversão	1	2	3	4	5	6	7	8	9	10
Finanças	1	2	3	4	5	6	7	8	9	10
Família	1	2	3	4	5	6	7	8	9	10
Relacionamentos	1	2	3	4	5	6	7	8	9	10
Humor geral	**1**	**2**	**3**	**4**	**5**	**6**	**7**	**8**	**9**	**10**

PROGRESSO

Este aprendizado levarei para o próximo mês:

VISÃO GERAL DO MÊS

Mês ___________

1
2
3
4
5
6
7
8
9
10
11
12
13
14
15
16
17
18
19
20
21
22
23
24
25
26
27
28
29
30
31

VISÃO GERAL DA SEMANA

CALENDÁRIO E COMPROMISSOS

SEG ______	TER ______	QUA ______
QUI ______	SEX ______	SÁB ______

ANOTAÇÕES E IDEIAS

PLANEJAMENTO DA SEMANA

CONTROLE DE HÁBITOS

	S	T	Q	Q	S	S	D
1	○	○	○	○	○	○	○
2	○	○	○	○	○	○	○
3	○	○	○	○	○	○	○
4	○	○	○	○	○	○	○
5	○	○	○	○	○	○	○

FOCO DA SEMANA

Estas são as minhas grandes metas semanais.
Elas exercem a maior influência sobre o meu sucesso,
portanto, dia após dia, mantenho o meu foco nelas.

➞ META 1:	➞ META 2:
○	○
○	○
○	○

MINHA REFLEXÃO

PROPÓSITO E MOTIVAÇÃO

Com que intensidade segui meus valores esta semana?
Relembre esse tópico nas pp. 77-78.

1 2 3 4 5 6 7 8 9 10

CONQUISTAS E PROGRESSOS

O que fiz de muito bom na semana passada?
O que farei diferente na semana que vem?

S T Q Q S S D ___/___/______

Sou grato por...

Não vejo a hora de...

FOCO DO DIA

A fatia de bolo – depois dela, vou me sentir satisfeito e fortalecido pelo restante do dia:

LISTA DE TAREFAS

A cobertura de chantili:

A cereja do bolo:

Usei o controle de hábitos?

PAUSA PARA RECARREGAR

COMPROMISSOS E ANOTAÇÕES

Concentre-se em ser produtivo. E não em estar o mais ocupado possível.
TIM FERRISS

PENSAMENTOS, IDEIAS E CONQUISTAS

S T Q Q S S D ___/___/______

Sou grato por...

Não vejo a hora de...

____

____

FOCO DO DIA

A fatia de bolo – depois dela, vou me sentir satisfeito e fortalecido pelo restante do dia:

○

LISTA DE TAREFAS

A cobertura de chantili:

○ ______________________

○ ______________________

A cereja do bolo:

○ ______________________

○ ______________________

○ ______________________

○ ______________________

Usei o controle de hábitos?

PAUSA PARA RECARREGAR

○ ______________________

○ ______________________

COMPROMISSOS E ANOTAÇÕES

Sem imaginação, até mesmo o mais esforçado não é nada.

HEINRICH SCHLIEMANN

PENSAMENTOS, IDEIAS E CONQUISTAS

S T Q Q S S D ___/___/______

Sou grato por...

Não vejo a hora de...

FOCO DO DIA

A fatia de bolo – depois dela, vou me sentir satisfeito e fortalecido pelo restante do dia:

LISTA DE TAREFAS

A cobertura de chantili:

- ○
- ○

A cereja do bolo:

- ○
- ○
- ○
- ○

Usei o controle de hábitos?

PAUSA PARA RECARREGAR

- ○
- ○

COMPROMISSOS E ANOTAÇÕES

Aquele que enxergar um fracasso como um pequeno desvio nunca perderá de vista seu objetivo.

MARTINHO LUTERO

PENSAMENTOS, IDEIAS E CONQUISTAS

S T Q Q S S D ___/___/______

Sou grato por...

Não vejo a hora de...

FOCO DO DIA

A fatia de bolo – depois dela, vou me sentir satisfeito e fortalecido pelo restante do dia:

LISTA DE TAREFAS

A cobertura de chantili:

A cereja do bolo:

Usei o controle de hábitos?

PAUSA PARA RECARREGAR

COMPROMISSOS E ANOTAÇÕES

Não se pode ultrapassar alguém pisando em suas pegadas.
FRANÇOIS TRUFFAUT

PENSAMENTOS, IDEIAS E CONQUISTAS

S T Q Q S S D __/__/____

Sou grato por...

Não vejo a hora de...

FOCO DO DIA

A fatia de bolo – depois dela, vou me sentir satisfeito e fortalecido pelo restante do dia:

LISTA DE TAREFAS

A cobertura de chantili:

A cereja do bolo:

Usei o controle de hábitos?

PAUSA PARA RECARREGAR

COMPROMISSOS E ANOTAÇÕES

Não fazer nada é a ocupação mais difícil e, ao mesmo tempo, a que requer mais inteligência.

OSCAR WILDE

PENSAMENTOS, IDEIAS E CONQUISTAS

S T Q Q S S D ___/___/______

Sou grato por...

Não vejo a hora de...

→ **FOCO DO DIA**

A fatia de bolo – depois dela, vou me sentir satisfeito e fortalecido pelo restante do dia:

LISTA DE TAREFAS

A cobertura de chantili:

A cereja do bolo:

Usei o controle de hábitos?

PAUSA PARA RECARREGAR

COMPROMISSOS E ANOTAÇÕES

Melhor ter ideais verdadeiros do que carreiras erradas.
SINA TRINKWALDER

PENSAMENTOS, IDEIAS E CONQUISTAS

VISÃO GERAL DA SEMANA

CALENDÁRIO E COMPROMISSOS

SEG ____________	TER ____________	QUA ____________
QUI ____________	**SEX ____________**	**SÁB ____________**

ANOTAÇÕES E IDEIAS

PLANEJAMENTO DA SEMANA

CONTROLE DE HÁBITOS

	S	T	Q	Q	S	S	D
1	○	○	○	○	○	○	○
2	○	○	○	○	○	○	○
3	○	○	○	○	○	○	○
4	○	○	○	○	○	○	○
5	○	○	○	○	○	○	○

FOCO DA SEMANA

Estas são as minhas grandes metas semanais.
Elas exercem a maior influência sobre o meu sucesso,
portanto, dia após dia, mantenho o meu foco nelas.

→ **META 1:**	→ **META 2:**
○ ______	○ ______
○ ______	○ ______
○ ______	○ ______

MINHA REFLEXÃO

PROPÓSITO E MOTIVAÇÃO

Com que intensidade segui meus valores esta semana?
Relembre esse tópico nas pp. 77-78.

1 — 2 — 3 — 4 — 5 — 6 — 7 — 8 — 9 — 10

CONQUISTAS E PROGRESSOS

O que fiz de muito bom na semana passada?
O que farei diferente na semana que vem?

S T Q Q S S D ___/___/______

Sou grato por...

Não vejo a hora de...

FOCO DO DIA

A fatia de bolo – depois dela, vou me sentir satisfeito e fortalecido pelo restante do dia:

LISTA DE TAREFAS

A cobertura de chantili:

- ○ ______
- ○ ______

A cereja do bolo:

- ○ ______
- ○ ______
- ○ ______
- ○ ______

Usei o controle de hábitos?

PAUSA PARA RECARREGAR

- ○ ______
- ○ ______

COMPROMISSOS E ANOTAÇÕES

A rapidez nem sempre é sinal de competência. A velocidade é muitas vezes sinal de que se está indo ladeira abaixo.

JOSEF WEHNER

PENSAMENTOS, IDEIAS E CONQUISTAS

S T Q Q S S D ___/___/______

Sou grato por...

Não vejo a hora de...

FOCO DO DIA

A fatia de bolo – depois dela, vou me sentir satisfeito e fortalecido pelo restante do dia:

LISTA DE TAREFAS

A cobertura de chantili:

A cereja do bolo:

Usei o controle de hábitos?

PAUSA PARA RECARREGAR

COMPROMISSOS E ANOTAÇÕES

Ter muitas ideias, ainda que algumas delas sejam erradas, é melhor do que estar sempre certo e não ter ideia alguma.

EDWARD DE BONO

PENSAMENTOS, IDEIAS E CONQUISTAS

S T Q Q S S D ___/___/______

Sou grato por...

Não vejo a hora de...

FOCO DO DIA

A fatia de bolo – depois dela, vou me sentir satisfeito e fortalecido pelo restante do dia:

LISTA DE TAREFAS

A cobertura de chantili:

A cereja do bolo:

Usei o controle de hábitos?

PAUSA PARA RECARREGAR

COMPROMISSOS E ANOTAÇÕES

Nunca faça nada pela metade, senão você perderá mais do que jamais será capaz de recuperar.

LOUIS ARMSTRONG

PENSAMENTOS, IDEIAS E CONQUISTAS

S T Q Q S S D ___/___/______

Sou grato por...

Não vejo a hora de...

FOCO DO DIA

A fatia de bolo – depois dela, vou me sentir satisfeito e fortalecido pelo restante do dia:

LISTA DE TAREFAS

A cobertura de chantili:

A cereja do bolo:

Usei o controle de hábitos?

PAUSA PARA RECARREGAR

COMPROMISSOS E ANOTAÇÕES

Se tiver um problema, tente resolvê-lo. Se não puder resolvê-lo, não faça disso um problema.

BUDA

PENSAMENTOS, IDEIAS E CONQUISTAS

S T Q Q S S D ___/___/______

Sou grato por...

Não vejo a hora de...

FOCO DO DIA

A fatia de bolo – depois dela, vou me sentir satisfeito e fortalecido pelo restante do dia:

LISTA DE TAREFAS

A cobertura de chantili:

A cereja do bolo:

Usei o controle de hábitos?

PAUSA PARA RECARREGAR

COMPROMISSOS E ANOTAÇÕES

A vida é feita de muitas pequenas moedas, e aquele que conseguir apanhá-las terá uma fortuna.

JEAN ANOUILH

PENSAMENTOS, IDEIAS E CONQUISTAS

S T Q Q S S D ___/___/______

Sou grato por...

Não vejo a hora de...

FOCO DO DIA

A fatia de bolo – depois dela, vou me sentir satisfeito e fortalecido pelo restante do dia:

LISTA DE TAREFAS

A cobertura de chantili:

A cereja do bolo:

Usei o controle de hábitos?

PAUSA PARA RECARREGAR

COMPROMISSOS E ANOTAÇÕES

Respeite a si mesmo se quiser que os outros o respeitem.

ADOLPH FREIHERR KNIGGE

PENSAMENTOS, IDEIAS E CONQUISTAS

VISÃO GERAL DA SEMANA

CALENDÁRIO E COMPROMISSOS

SEG ____________	TER ____________	QUA ____________
QUI ____________	**SEX ____________**	**SÁB ____________**

ANOTAÇÕES E IDEIAS

PLANEJAMENTO DA SEMANA

CONTROLE DE HÁBITOS

	S	T	Q	Q	S	S	D
1	○	○	○	○	○	○	○
2	○	○	○	○	○	○	○
3	○	○	○	○	○	○	○
4	○	○	○	○	○	○	○
5	○	○	○	○	○	○	○

FOCO DA SEMANA

Estas são as minhas grandes metas semanais.
Elas exercem a maior influência sobre o meu sucesso,
portanto, dia após dia, mantenho o meu foco nelas.

→ META 1:

○ __________
○ __________
○ __________

→ META 2:

○ __________
○ __________
○ __________

MINHA REFLEXÃO

PROPÓSITO E MOTIVAÇÃO

Com que intensidade segui meus valores esta semana?
Relembre esse tópico nas pp. 77-78.

1 — 2 — 3 — 4 — 5 — 6 — 7 — 8 — 9 — 10

CONQUISTAS E PROGRESSOS

O que fiz de muito bom na semana passada?
O que farei diferente na semana que vem?

S T Q Q S S D ___/___/______

Sou grato por...

Não vejo a hora de...

FOCO DO DIA

A fatia de bolo – depois dela, vou me sentir satisfeito e fortalecido pelo restante do dia:

LISTA DE TAREFAS

A cobertura de chantili:

A cereja do bolo:

Usei o controle de hábitos?

PAUSA PARA RECARREGAR

COMPROMISSOS E ANOTAÇÕES

Se você acha que é pequeno demais para exercer alguma influência, tente adormecer com um mosquito por perto.

ANITA RODDICK

PENSAMENTOS, IDEIAS E CONQUISTAS

S T Q Q S S D __/__/_____

Sou grato por...

Não vejo a hora de...

FOCO DO DIA

A fatia de bolo – depois dela, vou me sentir satisfeito e fortalecido pelo restante do dia:

LISTA DE TAREFAS

A cobertura de chantili:

A cereja do bolo:

Usei o controle de hábitos?

PAUSA PARA RECARREGAR

COMPROMISSOS E ANOTAÇÕES

Nunca consegui resistir a um desafio no qual a perspectiva de sucesso fosse remota e eu pudesse provar o contrário.

RICHARD BRANSON

PENSAMENTOS, IDEIAS E CONQUISTAS

S T Q Q S S D ___/___/______

Sou grato por...

Não vejo a hora de...

FOCO DO DIA

A fatia de bolo – depois dela, vou me sentir satisfeito e fortalecido pelo restante do dia:

LISTA DE TAREFAS

A cobertura de chantili:

A cereja do bolo:

Usei o controle de hábitos?

PAUSA PARA RECARREGAR

COMPROMISSOS E ANOTAÇÕES

Grandes mentes discutem visões; mentes normais discutem eventos; mentes pequenas discutem pessoas.
ELEANOR ROOSEVELT

PENSAMENTOS, IDEIAS E CONQUISTAS

S T Q Q S S D ___/___/______

Sou grato por...

Não vejo a hora de...

FOCO DO DIA

A fatia de bolo – depois dela, vou me sentir satisfeito e fortalecido pelo restante do dia:

LISTA DE TAREFAS

A cobertura de chantili:

A cereja do bolo:

Usei o controle de hábitos?

PAUSA PARA RECARREGAR

COMPROMISSOS E ANOTAÇÕES

Pessoas com uma ideia nova são consideradas loucas até que essa criação se torne realidade.

MARK TWAIN

PENSAMENTOS, IDEIAS E CONQUISTAS

S T Q Q S S D ___/___/______

Sou grato por...

Não vejo a hora de...

FOCO DO DIA ⟵

A fatia de bolo – depois dela, vou me sentir satisfeito e fortalecido pelo restante do dia:

LISTA DE TAREFAS

A cobertura de chantili:

A cereja do bolo:

Usei o controle de hábitos?

PAUSA PARA RECARREGAR

COMPROMISSOS E ANOTAÇÕES

A felicidade de sua vida depende da natureza de seus pensamentos.

MARCO AURÉLIO

PENSAMENTOS, IDEIAS E CONQUISTAS

S T Q Q S S D __/__/____

Sou grato por...

Não vejo a hora de...

FOCO DO DIA

A fatia de bolo – depois dela, vou me sentir satisfeito e fortalecido pelo restante do dia:

LISTA DE TAREFAS

A cobertura de chantili:

A cereja do bolo:

Usei o controle de hábitos?

PAUSA PARA RECARREGAR

COMPROMISSOS E ANOTAÇÕES

Nada confere mais superioridade a alguém do que permanecer calmo e despreocupado.
THOMAS JEFFERSON

PENSAMENTOS, IDEIAS E CONQUISTAS

VISÃO GERAL DA SEMANA

CALENDÁRIO E COMPROMISSOS

SEG ____________	TER ____________	QUA ____________
QUI ____________	**SEX ____________**	**SÁB ____________**

ANOTAÇÕES E IDEIAS

PLANEJAMENTO DA SEMANA

CONTROLE DE HÁBITOS

	S	T	Q	Q	S	S	D
1	○	○	○	○	○	○	○
2	○	○	○	○	○	○	○
3	○	○	○	○	○	○	○
4	○	○	○	○	○	○	○
5	○	○	○	○	○	○	○

FOCO DA SEMANA

Estas são as minhas grandes metas semanais.
Elas exercem a maior influência sobre o meu sucesso,
portanto, dia após dia, mantenho o meu foco nelas.

→ **META 1:**	→ **META 2:**
○	○
○	○
○	○

MINHA REFLEXÃO

PROPÓSITO E MOTIVAÇÃO

Com que intensidade segui meus valores esta semana?
Relembre esse tópico nas pp. 77-78.

1 2 3 4 5 6 7 8 9 10

CONQUISTAS E PROGRESSOS

O que fiz de muito bom na semana passada?
O que farei diferente na semana que vem?

S T Q Q S S D ___/___/______

Sou grato por...

Não vejo a hora de...

FOCO DO DIA

A fatia de bolo – depois dela, vou me sentir satisfeito e fortalecido pelo restante do dia:

LISTA DE TAREFAS

A cobertura de chantili:

A cereja do bolo:

Usei o controle de hábitos?

PAUSA PARA RECARREGAR

COMPROMISSOS E ANOTAÇÕES

O sucesso não é algo pequeno,
mas começa com coisas pequenas.
SÓCRATES

PENSAMENTOS, IDEIAS E CONQUISTAS

S T Q Q S S D ___/___/______

Sou grato por...

Não vejo a hora de...

FOCO DO DIA

A fatia de bolo – depois dela, vou me sentir satisfeito e fortalecido pelo restante do dia:

LISTA DE TAREFAS

A cobertura de chantili:

A cereja do bolo:

Usei o controle de hábitos?

PAUSA PARA RECARREGAR

COMPROMISSOS E ANOTAÇÕES

Antes perder com dignidade do que vencer trapaceando.
SÓFOCLES

PENSAMENTOS, IDEIAS E CONQUISTAS

S T Q Q S S D ___/___/______

Sou grato por...

Não vejo a hora de...

FOCO DO DIA

A fatia de bolo – depois dela, vou me sentir satisfeito e fortalecido pelo restante do dia:

LISTA DE TAREFAS

A cobertura de chantili:

A cereja do bolo:

Usei o controle de hábitos?

PAUSA PARA RECARREGAR

COMPROMISSOS E ANOTAÇÕES

Não importa de onde você vem,
mas para onde você vai.
ELLA FITZGERALD

PENSAMENTOS, IDEIAS E CONQUISTAS

S T Q Q S S D ___/___/______

Sou grato por...

Não vejo a hora de...

➳ FOCO DO DIA

A fatia de bolo – depois dela, vou me sentir satisfeito e fortalecido pelo restante do dia:

○

LISTA DE TAREFAS

A cobertura de chantili:

○ ____

○ ____

A cereja do bolo:

○ ____

○ ____

○ ____

○ ____

Usei o controle de hábitos?

PAUSA PARA RECARREGAR

○ ____

○ ____

COMPROMISSOS E ANOTAÇÕES

O que conta não é a profundidade a que você cai, mas a altura que atinge quando se ergue.
BRIAN TRACY

PENSAMENTOS, IDEIAS E CONQUISTAS

S T Q Q S S D ___/___/______

Sou grato por...

Não vejo a hora de...

FOCO DO DIA

A fatia de bolo – depois dela, vou me sentir satisfeito e fortalecido pelo restante do dia:

LISTA DE TAREFAS

A cobertura de chantili:

A cereja do bolo:

Usei o controle de hábitos?

PAUSA PARA RECARREGAR

COMPROMISSOS E ANOTAÇÕES

A vida não é medida pelo número de vezes que tomamos fôlego, mas pelos momentos que nos deixam sem fôlego.
MAYA ANGELOU

PENSAMENTOS, IDEIAS E CONQUISTAS

S T Q Q S S D __/__/____

Sou grato por...

Não vejo a hora de...

FOCO DO DIA

A fatia de bolo – depois dela, vou me sentir satisfeito e fortalecido pelo restante do dia:

LISTA DE TAREFAS

A cobertura de chantili:

A cereja do bolo:

Usei o controle de hábitos?

PAUSA PARA RECARREGAR

COMPROMISSOS E ANOTAÇÕES

A habilidade de dizer "não" é o primeiro passo para a liberdade.

NICOLAS DE CHAMFORT

PENSAMENTOS, IDEIAS E CONQUISTAS

VISÃO GERAL DO MÊS

Mês ______________

CONQUISTA DO MÊS

Tenho orgulho destes marcos:

1 ______________

2 ______________

3 ______________

A AVALIAÇÃO DO MÊS

A produtividade de mãos dadas com a atenção plena: mantive o equilíbrio?

Foco e concentração	1	2	3	4	5	6	7	8	9	10
Propósito e motivação	1	2	3	4	5	6	7	8	9	10
Criatividade e inspiração	1	2	3	4	5	6	7	8	9	10
Produtividade	**1**	**2**	**3**	**4**	**5**	**6**	**7**	**8**	**9**	**10**

Gratidão	1	2	3	4	5	6	7	8	9	10
Saúde	1	2	3	4	5	6	7	8	9	10
Paz e tranquilidade	1	2	3	4	5	6	7	8	9	10
Atenção plena	**1**	**2**	**3**	**4**	**5**	**6**	**7**	**8**	**9**	**10**

Como foi nas outras áreas da vida?

Meu valor	1	2	3	4	5	6	7	8	9	10
Bons hábitos	1	2	3	4	5	6	7	8	9	10
Diversão	1	2	3	4	5	6	7	8	9	10
Finanças	1	2	3	4	5	6	7	8	9	10
Família	1	2	3	4	5	6	7	8	9	10
Relacionamentos	1	2	3	4	5	6	7	8	9	10
Humor geral	**1**	**2**	**3**	**4**	**5**	**6**	**7**	**8**	**9**	**10**

PROGRESSO

Este aprendizado levarei para o próximo mês:

VISÃO GERAL DO MÊS

Mês ____________

1
2
3
4
5
6
7
8
9
10
11
12
13
14
15
16
17
18
19
20
21
22
23
24
25
26
27
28
29
30
31

VISÃO GERAL DA SEMANA

CALENDÁRIO E COMPROMISSOS

SEG ________	TER ________	QUA ________
QUI ________	SEX ________	SÁB ________

ANOTAÇÕES E IDEIAS

PLANEJAMENTO DA SEMANA

CONTROLE DE HÁBITOS

	S	T	Q	Q	S	S	D
1	○	○	○	○	○	○	○
2	○	○	○	○	○	○	○
3	○	○	○	○	○	○	○
4	○	○	○	○	○	○	○
5	○	○	○	○	○	○	○

FOCO DA SEMANA

Estas são as minhas grandes metas semanais.
Elas exercem a maior influência sobre o meu sucesso,
portanto, dia após dia, mantenho o meu foco nelas.

→ **META 1:**	→ **META 2:**
○ ____	○ ____
○ ____	○ ____
○ ____	○ ____

MINHA REFLEXÃO

PROPÓSITO E MOTIVAÇÃO

Com que intensidade segui meus valores esta semana?
Relembre esse tópico nas pp. 77-78.

1 — 2 — 3 — 4 — 5 — 6 — 7 — 8 — 9 — 10

CONQUISTAS E PROGRESSOS

O que fiz de muito bom na semana passada?
O que farei diferente na semana que vem?

S T Q Q S S D __/__/______

Sou grato por...

____

____

Não vejo a hora de...

____

____

FOCO DO DIA

A fatia de bolo – depois dela, vou me sentir satisfeito e fortalecido pelo restante do dia:

○

LISTA DE TAREFAS

A cobertura de chantili:

○ ____________________

○ ____________________

A cereja do bolo:

○ ____________________

○ ____________________

○ ____________________

○ ____________________

Usei o controle de hábitos?

PAUSA PARA RECARREGAR

○ ____________________

○ ____________________

COMPROMISSOS E ANOTAÇÕES

Um espera pelo tempo para mudar,
outro o agarra com vigor e age.
DANTE ALIGHIERI

PENSAMENTOS, IDEIAS E CONQUISTAS

S T Q Q S S D __/__/____

Sou grato por...

Não vejo a hora de...

FOCO DO DIA

A fatia de bolo – depois dela, vou me sentir satisfeito e fortalecido pelo restante do dia:

LISTA DE TAREFAS

A cobertura de chantili:

A cereja do bolo:

Usei o controle de hábitos?

PAUSA PARA RECARREGAR

COMPROMISSOS E ANOTAÇÕES

Amizade é quando alguém o elogia por ter nadado bem depois do naufrágio da embarcação.

WERNER SCHNEIDER

PENSAMENTOS, IDEIAS E CONQUISTAS

S T Q Q S S D ___/___/______

Sou grato por...

Não vejo a hora de...

FOCO DO DIA

A fatia de bolo – depois dela, vou me sentir satisfeito e fortalecido pelo restante do dia:

LISTA DE TAREFAS

A cobertura de chantili:

A cereja do bolo:

Usei o controle de hábitos?

PAUSA PARA RECARREGAR

COMPROMISSOS E ANOTAÇÕES

O que as pessoas bem-sucedidas têm em comum é a habilidade de manter bem estreito o espaço entre decidir e executar.

PETER DRUCKER

PENSAMENTOS, IDEIAS E CONQUISTAS

S T Q Q S S D ___/___/______

Sou grato por...

Não vejo a hora de...

FOCO DO DIA

A fatia de bolo – depois dela, vou me sentir satisfeito e fortalecido pelo restante do dia:

LISTA DE TAREFAS

A cobertura de chantili:

A cereja do bolo:

Usei o controle de hábitos?

PAUSA PARA RECARREGAR

COMPROMISSOS E ANOTAÇÕES

Não vá aonde o caminho pode levar, siga por onde não houver caminho e deixe um rastro.

RALPH WALDO EMERSON

PENSAMENTOS, IDEIAS E CONQUISTAS

S T Q Q S S D ___/___/______

Sou grato por...

Não vejo a hora de...

FOCO DO DIA

A fatia de bolo – depois dela, vou me sentir satisfeito e fortalecido pelo restante do dia:

LISTA DE TAREFAS

A cobertura de chantili:

○ ______

○ ______

A cereja do bolo:

○ ______

○ ______

○ ______

○ ______

Usei o controle de hábitos?

PAUSA PARA RECARREGAR

○ ______

○ ______

COMPROMISSOS E ANOTAÇÕES

A felicidade quase sempre se origina da atenção às coisas pequenas; o infortúnio, muitas vezes, da negligência nas coisas pequenas. WILHELM BUSCH

PENSAMENTOS, IDEIAS E CONQUISTAS

S T Q Q S S D __/__/_____

Sou grato por...

Não vejo a hora de...

FOCO DO DIA

A fatia de bolo – depois dela, vou me sentir satisfeito e fortalecido pelo restante do dia:

LISTA DE TAREFAS

A cobertura de chantili:

A cereja do bolo:

Usei o controle de hábitos?

PAUSA PARA RECARREGAR

COMPROMISSOS E ANOTAÇÕES

A maior recompensa que uma pessoa pode receber não é o que ganha com o trabalho, mas o que ela se torna graças a ele.

JOHN RUSKIN

PENSAMENTOS, IDEIAS E CONQUISTAS

VISÃO GERAL DA SEMANA

CALENDÁRIO E COMPROMISSOS

SEG ______	TER ______	QUA ______
QUI ______	SEX ______	SÁB ______

ANOTAÇÕES E IDEIAS

PLANEJAMENTO DA SEMANA

CONTROLE DE HÁBITOS

	S	T	Q	Q	S	S	D
1	○	○	○	○	○	○	○
2	○	○	○	○	○	○	○
3	○	○	○	○	○	○	○
4	○	○	○	○	○	○	○
5	○	○	○	○	○	○	○

FOCO DA SEMANA

Estas são as minhas grandes metas semanais.
Elas exercem a maior influência sobre o meu sucesso, portanto, dia após dia, mantenho o meu foco nelas.

➝ **META 1:**	➝ **META 2:**
○ ________	○ ________
○ ________	○ ________
○ ________	○ ________

MINHA REFLEXÃO

PROPÓSITO E MOTIVAÇÃO

Com que intensidade segui meus valores esta semana?
Relembre esse tópico nas pp. 77-78.

1 — 2 — 3 — 4 — 5 — 6 — 7 — 8 — 9 — 10

CONQUISTAS E PROGRESSOS

O que fiz de muito bom na semana passada?
O que farei diferente na semana que vem?

S T Q Q S S D ___/___/______

Sou grato por...

Não vejo a hora de...

FOCO DO DIA

A fatia de bolo – depois dela, vou me sentir satisfeito e fortalecido pelo restante do dia:

LISTA DE TAREFAS

A cobertura de chantili:

A cereja do bolo:

Usei o controle de hábitos?

PAUSA PARA RECARREGAR

COMPROMISSOS E ANOTAÇÕES

Alguns problemas só podem ser resolvidos se as regras forem quebradas com inteligência.

AXEL HAITZER

PENSAMENTOS, IDEIAS E CONQUISTAS

S T Q Q S S D ___/___/______

Sou grato por...

Não vejo a hora de...

FOCO DO DIA

A fatia de bolo – depois dela, vou me sentir satisfeito e fortalecido pelo restante do dia:

LISTA DE TAREFAS

A cobertura de chantili:

A cereja do bolo:

Usei o controle de hábitos?

PAUSA PARA RECARREGAR

COMPROMISSOS E ANOTAÇÕES

Considero cada fracasso como um degrau para o sucesso.

INAYAT KHAN

PENSAMENTOS, IDEIAS E CONQUISTAS

S T Q Q S S D ___/___/______

Sou grato por...

Não vejo a hora de...

FOCO DO DIA

A fatia de bolo – depois dela, vou me sentir satisfeito e fortalecido pelo restante do dia:

LISTA DE TAREFAS

A cobertura de chantili:

A cereja do bolo:

Usei o controle de hábitos?

PAUSA PARA RECARREGAR

COMPROMISSOS E ANOTAÇÕES

Aquele que segue devagar mas sem perder de vista seu objetivo é ainda mais rápido do que aquele que vaga sem um objetivo.

GOTTHOLD EFRAIM LESSING

PENSAMENTOS, IDEIAS E CONQUISTAS

S T Q Q S S D ___/___/______

Sou grato por...

Não vejo a hora de...

➳ FOCO DO DIA

A fatia de bolo – depois dela, vou me sentir satisfeito e fortalecido pelo restante do dia:

LISTA DE TAREFAS

A cobertura de chantili:

A cereja do bolo:

Usei o controle de hábitos?

PAUSA PARA RECARREGAR

COMPROMISSOS E ANOTAÇÕES

O único trabalho que realmente vale a pena a longo prazo é o trabalho em si mesmo.
FRIEDRICH NIETZSCHE

PENSAMENTOS, IDEIAS E CONQUISTAS

S T Q Q S S D ___/___/______

Sou grato por...

Não vejo a hora de...

FOCO DO DIA

A fatia de bolo – depois dela, vou me sentir satisfeito e fortalecido pelo restante do dia:

LISTA DE TAREFAS

A cobertura de chantili:

A cereja do bolo:

Usei o controle de hábitos?

PAUSA PARA RECARREGAR

COMPROMISSOS E ANOTAÇÕES

Não é a morte que um homem deve temer, mas sim nunca começar a viver.
MARCO AURÉLIO

PENSAMENTOS, IDEIAS E CONQUISTAS

S T Q Q S S D ___/___/______

Sou grato por...

Não vejo a hora de...

FOCO DO DIA

A fatia de bolo – depois dela, vou me sentir satisfeito e fortalecido pelo restante do dia:

LISTA DE TAREFAS

A cobertura de chantili:

A cereja do bolo:

Usei o controle de hábitos?

PAUSA PARA RECARREGAR

COMPROMISSOS E ANOTAÇÕES

Quando você abre mão de algo, fica com as duas mãos livres.
DESCONHECIDO

PENSAMENTOS, IDEIAS E CONQUISTAS

Um grande marco

... você conseguiu!

Nos últimos meses você preencheu as páginas com o seu progresso. Seu primeiro *Diário do sucesso* está completo e isso é motivo de muito orgulho!

Agora permita-se folhear o diário por alguns minutos. Permita-se sentir algo bom e tome consciência de tudo que você realizou. Retire energia de suas realizações e direcione-a para metas e desafios que estão por vir. Aproveite o que conquistou e deixe o sucesso agir sobre você.

Como se sente agora? Tomara que esteja se sentindo fantástico!

Dê mais uma olhada em todas as checagens e marcos mensais e reflita sobre as mudanças dos últimos meses. O que você aprendeu sobre si mesmo e quais foram as maiores experiências de sucesso?

Seremos muito gratos se você deixar sua avaliação deste diário na loja on-line de sua escolha. Dessa forma, além de juntar pontos de carma, você ajuda outros clientes na hora de escolher o que comprar.

“

Invista sobretudo em si mesmo. Esse é o único investimento que se paga milhares de vezes.

MARLON BRANDO

Agradecimentos

Raramente é possível realizar grandes projetos como este livro sem ajuda. É por isso que, em primeiro lugar, quero agradecer à minha esposa, Sevnur. Ela elaborou o projeto gráfico e também desempenhou todos os papéis possíveis e imagináveis que surgem durante o processo da criação de um livro: foi amiga, leitora, crítica, pesquisadora e terapeuta. Em segundo lugar, quero agradecer aos meus pais e à minha avó. Essa é a minha maneira indireta de dizer a eles que os amo. Em terceiro lugar, muito obrigado à minha maravilhosa equipe: Afag Meyer, Maria Gottwig, Daniel Dzienian, Amelie Haupt, Truc-Giang Pham, Ana Garcia e Lena Schulte. Na correria da reta final, a ajuda deles foi especialmente importante. Também agradeço a Ricarda Saul, da editora Rowohlt, por seu trabalho abrangente e muito além do que um currículo de leitora exige.

Por fim, um pequeno... ou melhor, um grande OBRIGADO a você! Obrigado por estar lendo estas palavras neste exato momento. Obrigado por participar desta jornada em direção ao sucesso e à realização!

P.S.: Se você se interessar pelos pensamentos, livros e rotinas que preenchem a minha vida, sinta-se livre para seguir a minha página no Instagram: @dominikspenst.

Notas

1. Bilionários sem fins lucrativos – The Giving Pledge (2010): Pledge Signatories. http://givingpledge.org/PledgerList.aspx, último acesso: 30/09/2021.
2. O fator do sucesso de Bill Gates e de Warren Buffett – One word that accounted for Bill Gates' and my success: Focus – Warren Buffett; Serenity Stocks (2006): https://www.youtube.com/watch?v=ju20hzifwAo, último acesso: 30/09/2021.
3. Coisas inacabadas minam nossa atenção – Zeigarnik, B. V. (1927): Über das Behalten von erledigten und unerledigten Handlungen. Psychologische Forschung, 9. https://codeblab.com/wp-content/uploads/2009/12/On-Finished-and-Unfinished-Tasks.pdf, último acesso: 30/09/2021.
4. Ver fonte 3.
5. Ver fonte 3.
6. A importância de priorizarmos nossas tarefas – Levitin, Daniel. *A mente organizada: Como pensar com clareza na era da sobrecarga de informação.* Rio de Janeiro: Objetiva, 2015.
7. Quase todo mundo falha ao implementar suas metas – Robbins, Anthony (2012): Change, Robbins Research International.
8. A força de vontade diária é um recurso limitado – Hagger, M. S. / Wood, C. / Stiff, C. / Nikos, L. D. (2014): Ego Depletion and the Strength Model of Self-Control: A Meta-Analysis. *Psychological Bulletin*, 136 (4).
9. 66 dias até o estabelecimento de hábitos – Lally, P. / Van Jaarsveld, C. H. M. / Potts, H. W. / Wardle, J. (2009): How habits are formed: Modelling habit formation in the real world. *European Journal of Social Psychology*, 40 (6).
10. A importância dos hábitos-chave – Duhigg, Charles. *O poder do hábito: Por que fazemos o que fazemos na vida e nos negócios.* Rio de Janeiro: Objetiva, 2016.
11. Exemplos de hábitos-chave – Roomer, Jari (2019): 5 "Keystone Habits" To Take Your Life to the Next Level. Medium. https://medium.com/personal-growth-lab/5-keystone-habits-to-take-your-life-to-the-next-level-21523b249e12, último acesso: 30/09/2021.
12. As metas nos motivam com mais intensidade se estiverem alinhadas a nossos valores – Levontin, L. / Bardi, A. (2019): Using Personal Values to Understand the Motivational Basis of Amity Goal Orientation. Frontiers in Psychology, 9.
13. Manson, Mark. *A sutil arte de ligar o f*da-se: Uma estratégia inusitada para uma vida melhor.* Rio de Janeiro: Intrínseca, 2017.
14. Clear, James. *Hábitos atômicos: Um método fácil e comprovado de criar bons hábitos e se livrar dos maus.* Rio de Janeiro: Alta Life, 2018.
15. Sinek, Simon. *Comece pelo por quê: Como grandes líderes inspiram pessoas e equipes a agir.* Rio de Janeiro: Sextante, 2018.
16. A "verdadeira moeda" dos dias de hoje – Mandel, T. / Van der Leun, G. (1996): Rules of the Net.
17. O fluxo nos torna mais produtivos, mais criativos e mais felizes – Killingsworth, Mark (2011): Quer ser mais feliz? Mantenha-se no presente. ted.com. https://

www.ted.com/talks/matt_killingsworth_want_to_be_happier_stay_in_the_moment/transcript?language=en#t-545598, último acesso: 30/09/2021.

18. Tomamos 20 mil decisões todos os dias – Thomas, Cliff (2019): An Examination of Decision-Making During Organizational Crises: A Case Study of the 2017 Northern California Firestorm. https://mountainscholar.org/bitstream/handle/10217/197283/Thomas_colostate_0053A_15504.pdf?sequence=1, último acesso: 30/09/2021.
19. A fadiga de decisão – Hirshleifer, David (2019): Decision fatigue and heuristic analyst forecasts. *Journal of Financial Economics*, 133. https://www.sciencedirect.com/science/article/abs/pii/S0304405X19300054, último acesso: 30/09/2021.
20. Um SMS por 39 centavos – Dernbach, Christoph (2017): Die Kurzmitteilung hat kein langes Leben mehr, in: Spiegel Online. https://www.spiegel.de/netzwelt/gadgets/25-jahre-sms-die-kurzmitteilung-hat-kein-langes-leben-mehr-a-1181304.html, último acesso: 30/09/2021.
21. Um minuto por 2 marcos alemães – Preisverfall der Handytarife (2014): Zeitreise zum Beginn des deutschen Mobilfunkmarktes. mobilbranche.de. https://mobilbranche.de/2014/07/preisverfall-handytarife-zeitreise, último acesso: 30/09/2021.
22. O cérebro não faz distinção entre mensagens orais e digitais – Murphy Paul, Annie (2012): Your Brain on Fiction. *The New York Times*. https://www.nytimes.com/2012/03/18/opinion/sunday/the-neuroscience-of-your-brain-on-fiction.html, último acesso: 30/09/2021.
23. As distrações surgem interna e externamente – Bailey, Chris. *Hiperfoco: Como trabalhar menos e render mais*. São Paulo: Benvirá, 2019.
24. O cérebro pode ser modificado proativamente – Lally, P. / Van Jaarsveld, Cornelia H. M./ Potts, Henry W. W./ Wardle, Jane (2009): How habits are formed: Modelling habit formation in the real world. *European Journal of Social Psychology*, 40 (6).
25. Prioridades – McKeown, Greg. *Essencialismo: A disciplinada busca por menos*. Rio de Janeiro: Sextante, 2015.
26. Vinte por cento de todos os produtos são responsáveis por 80% de todo o lucro – Steffan, Belinda (2008): Essential Management Accounting: How to Maximise Profit and Boost Financial Performance.
27. Oitenta por cento do tráfego on-line se concentram em 20% de todas as páginas da internet – Koch, Richard. *O poder 80/20: Como aplicar as leis da natureza em sua vida e nos negócios*. Belo Horizonte: Gutenberg, 2017.
28. Vinte por cento dos funcionários são responsáveis por 80% de todas as vendas – 50 Minutes (2015): Pareto's Principle: Expand your business with the 80/20 rule.
29. Steve Jobs elimina 340 dos 350 produtos da Apple – Keller, Gary. *A única coisa: A verdade surpreendentemente simples por trás de resultados extraordinários*. Rio de Janeiro: Sextante, 2021.
30. Só usamos 20% de nossas roupas – Smith, Ray A. (2013): A Closet Filled With Regrets. *The Wall Street Journal*. https://www.wsj.com/articles/SB10001424127887324240804578415002232186418, último acesso: 30/09/2021.
31. Ficamos mais satisfeitos e equilibrados quando nos livramos de coisas sem alegria – Biana, Hazel T. (2018): Joy to/and the World: The KonMari Method, Philosophy, and the Environment.

32. Três segundos de distração dobram a taxa de erros – Altmann, E. / Henion, A. / McGlashen, A. (2013): Brief Interruptions Spawn Errors. Michigan State University Today. https://msutoday.msu.edu/news/2013/brief-interruptions-spawn-errors/, último acesso: 30/09/2021.
33. Precisamos de 23 minutos e 15 segundos para retomar o foco – Pattison, Kermit (2008): Worker, Interrupted: The Cost of Task Switching. Fast Company. https://www.fastcompany.com/90437800/get-ready-for-5g-to-make-your-phone-even-more-addictive, último acesso: 30/09/2021.
34. A multitarefa gera estresse – Mark, Gloria (2014): Stress and multitasking in everyday college life: An empirical study of online activity. CHI 2014.
35. A multitarefa é menos eficiente do que uma noite em claro – Loder, Vanessa (2014): Why Multi-Tasking Is Worse Than Marijuana For Your IQ. forbes. com. https://www.forbes.com/sites/vanessaloder/2014/06/11/why-multi-tasking-is-worse-than-marijuana-for-your-iq/#9e630467c11b, último acesso: 30/09/2021.
36. O compositor em fluxo – Csikszentmihalyi, Mihaly (2004): On Flow. ted.com. ted.com/talks/mihaly_csikszentmihalyi_flow_the_secret_to_happiness?language=de#t-341636, último acesso: 30/09/2021.
37. Ver fonte 7.
38. Metade das distrações se origina internamente – Höpker, Jan (2018): Erfolg durch Fokus und Konzentration: Konzentration steigern und Fokus schärfen für mehr Erfolg im Leben.
39. Temos 60 mil pensamentos todos os dias – Hardy, Benjamin (2018): To Have What You Want, You Must Give up What's Holding You Back. Medium. https://medium.com/the-mission/to-have-what-you-want-you-must-give-up-whats-holding-you-back-65275f844a5a, último acesso: 30/09/2021.
40. A curiosidade de nosso cérebro é tão grande quanto uma necessidade básica – Levitin, Daniel. *A mente organizada: Como pensar com clareza na era da sobrecarga de informação*. Rio de Janeiro: Objetiva, 2015.
41. Apenas 50% das pessoas resistem à internet – Baumeister, R. F./ Bratslavsky, E. / Muraven, M. / Tice, D. M. (1998): Ego Depletion: Is the Active Self a Limited Resource?. *Journal of Personality and Social Psychology*, 74.
42. A força de vontade diária é um recurso limitado – Hagger, Martin S. / Wood, Chantelle / Stiff, Christ / Nikos, L. D. (2014): Ego Depletion and the Strength Model of Self-Control: A Meta-Analysis. *Psychological Bulletin*, 136 (4)
43. Bailey, Chris. *Hiperfoco: Como trabalhar menos e render mais* / Höpker, Jan (2018): Erfolg durch Fokus und Konzentration: Konzentration steigern und Fokus schärfen für mehr Erfolg im Leben / Keller, Gary. *A única coisa: A verdade surpreendentemente simples por trás de resultados extraordinários*. Rio de Janeiro: Sextante, 2021. Newport, Cal: *Trabalho focado: como ter sucesso em um mundo distraído*. Rio de Janeiro: Alta Books, 2018.
44. A definição de hábitos – Lexikon der Psychologie: Gewohnheit. spektrum.de. https://www.spektrum.de/lexikon/psychologie/gewohnheit/5939, último acesso: 30/09/2021.
45. Somente 5% de nossas decisões diárias são tomadas conscientemente – Zaltmann, Gerald (2003): How Customers Think: Essential Insights into the Mind of the Market.
46. O duelo entre Amundsen e Scott – Jostmann, Christian (2018): Polarexpedition:

Duell im Eis. ZEIT ONLINE. https://www.zeit.de/zeit-history/2018/02/polar expetion-suedpol-roald-amundsen-robert-falcon-scott, último acesso: 05/12/2019.

47. Metas não constituem a diferença entre vencedores e perdedores – Clear, James. *Hábitos atômicos: Um método fácil e comprovado de criar bons hábitos e se livrar dos maus*. Rio de Janeiro: Alta Books, 2018.
48. Cortar os problemas pela raiz por meio de pensamentos orientados para os hábitos – Adams, Scott (2013): How to Fail at Almost Everything and Still Win Big: Kind of the Story of My Life.
49. O estresse é o maior risco à saúde no século XXI – Dargatz, Thorsten (2001): Stress ist die Seuche des 21. Jahrhunderts. Welt am Sonntag. https://www.welt.de/print-wams/article615555/Stress-ist-die-Seuche-des-21-Jahrhunderts.html, último acesso: 30/09/2021.
50. Como o estresse influencia bons e maus hábitos – Steakley, Lia (2013): Examining how stress affects good and bad habits. Scope Blog Stanford University. https://scopeblog.stanford.edu/2013/05/29/examining-how-stress-affects-good-and-bad-habits/, último acesso: 30/09/2021.
51. Os hábitos crescem como bambu – Spenst, Dominik (2019): Die unterschätzte Macht der Gewohnheiten. urbestself.de. https://urbestself.de/blogs/article/die-unterschatzte-macht-der-gewohnheit, último acesso: 30/09/2021.
52. Ver fonte 45.
53. A gratidão gera relacionamentos mais estreitos – Watkins, Philip C. (2014): Gratitude and the Good Life. Toward a Psychology of Appreciation.
54. A gratidão nos torna mais bem-sucedidos – Achor, Shawn. *O jeito Harvard de ser feliz: O curso mais concorrido da melhor universidade do mundo*. São Paulo: Saraiva, 2014.
55. O celular mina sua força cognitiva – Ward, A. F. / Duke, K. / Gneezy, A. / Bos, M. W. (2017): Brain Drain. The Mere Presence of One's Own Smartphone Reduces Available Cognitive Capacity. *Journal of the Association for Consumer Research* 2017 2 :2, pp. 140-154.
56. Meditar melhora a autopercepção – Farb, N. A. S. / Segal, Z. V. / Mayberg, H. / Bean, J. / McKeon, D. / Fatima, Z. e Anderson, A. K. (2007): Attending to the present: mindfulness meditation reveals distinct neural modes of self-reference. Social Cognitive and Affective Neuroscience, 2(4), pp. 313-322.
57. Meditar melhora a concentração e a memória – Zeidan, F./ Johnson, S. K./ Diamond, B. J./ David, Z./ Goolkasian, P. (2010): Mindfulness meditation improves cognition: Evidence of brief mental training. Consciousness and Cognition, 19(2), pp. 597-605.
58. Meditar melhora o sono – Nagendra, R. P./ Maruthai, N./ Kutty, B. M. (2012): Meditation and Its Regulatory Role on Sleep. Frontiers in Neurology, 3.
59. Meditar previne sintomas de pânico e de estresse – Morone, Natalia E./ Lynch, Cheryl P./ Losasso, Vincent J. III. / Liebe, Karl/ Greco, Carol M. (2012): Mindfulness to Reduce Psychosocial Stress. Mindfulness, 3(1), pp. 22-29.
60. Meditar melhora a estabilidade emocional – Lee, Yu-Hao et al. (2015): Improved Emotional Stability in Experienced Meditators With Concentrative Meditation Based on Electroencephalography and Heart Rate Variability. *The Journal of Alternative and Complementary Medicine*, 21.
61. Valores melhoram nossa ação e nossos ideais – Prilleltensky, Isaac (1997):

Values, assumptions, and practices: Assessing the moral implications of psychological discourse and action. *American Psychologist*, 52 (2).
62. Hieraquia dos valores – NLP-Zentrum Berlin (2019): Wertehierarchie. nlp-zentrum-berlin.de/infothek/nlp-glossar, último acesso: 30/09/2021.
63. Efeitos únicos e duradouros da gratidão – Emmons, Robert A./ McCullough, Michael E. (2003): Counting Blessings Versus Burdens: An Experimental Investigation of Gratitude and Subjective Well-Being in Daily Life. *Journal of Personality and Social Psychology*, 84(2).
64. A antecipação do prazer nos torna felizes – Kumar, Amit/ Killingsworth, Matthew A./ Gilovich, Thomas (2014): Waiting for Merlot: Anticipatory Consumption of Experiential and Material Purchases. *Psychological Science*, 25 (10).
65. Como experiências positivas chegam a nossa memória de longo prazo – Hanson, Rick. *O cérebro e a felicidade: Como treinar sua mente para atrair serenidade, amor e autoconfiança*. São Paulo: Alto Astral, 2016.
66. Somente 1/3 dos funcionários elabora um calendário – Kuruvilla, Saritha (2011): A Study of Calendar Usage in the Workplace. PPAI Research. http://static.ppai.org/documents/business%20study%20final%20report%20version%204.pdf, último acesso: 30/09/2021.
67. Somos capazes de trabalhar concentrados somente por no máximo quatro horas diárias – Vouchercloud: How Many Productive Hours in a Work Day? Just 2 Hours, 53 Minutes. vouchercloud. https://www.vouchercloud.com/resources/office-worker-productivity / AC Podcast by Todd Henry: Cal Newport on Passion and Work. Accidental Creative. https://accidentalcreative.com/podcasts/ac/ac-podcast-cal-newport-on-passion-and-work/, último acesso: 30/09/2021.
68. Perseguir antílopes em vez de ratos – nach Newt Gringrich. Vgl. Roomer, Jari (2019): The Difference Between Great and Mediocre Results: Chasing ‹Mice› Or Chasing ‹Antelope›. Medium. https://medium.com/personal-growth-lab/the-difference-between-great-and-mediocre-results-chasing-mice-or-chasing-antelope-42f9a13c19a7, último acesso: 30/09/2021.
69. Pausas de 12 minutos bastam para elevar a criatividade e a resolução de problemas – Lehrer, Jonah (2012): The Virtues of Daydreaming. The New Yorker. https://www.newyorker.com/tech/frontal-cortex/the-virtues-of-daydreaming, último acesso: 30/09/2021.
70. Trabalhar de maneira 30% mais produtiva e criativa com um cérebro feliz – Achor, Shawn (2012): Positive Intelligence. Harvard Business Review.
71. Como desligar-se das coisas aumenta a produtividade e a criatividade – Baird, Benjamin/ Smallwood, Jonathan/ Mrazek, Michael D. (2012): Inspired by Distraction. Mind Wandering Facilitates Creative Incubation. Psychological Science, 23 (10), pp. 1117-1122. https://doi.org/10.1177/0956797612446024, último acesso: 30/09/2021.

Sobre o autor

Dominik Spenst é um escritor e empreendedor alemão. Estudou administração de empresas em Frankfurt e Paderborn, na Alemanha, e também em Bangcoc, na Tailândia, e em Barcelona, na Espanha. Um grave acidente de moto, seguido de alguns meses no hospital e várias cirurgias, mudou sua vida e o motivou a escrever seu primeiro livro, *O diário dos 6 minutos*. O *Diário do sucesso* é sua segunda obra. Spenst criou e gerencia a plataforma UrBestSelf, voltada à produção de livros que estimulem uma vida com mais atenção plena e menos estresse.

ANOTAÇÕES E IDEIAS

ANOTAÇÕES E IDEIAS

ANOTAÇÕES E IDEIAS

ANOTAÇÕES E IDEIAS

ANOTAÇÕES E IDEIAS

CONHEÇA ALGUNS DESTAQUES DE NOSSO CATÁLOGO

- Augusto Cury: Você é insubstituível (2,8 milhões de livros vendidos), Nunca desista de seus sonhos (2,7 milhões de livros vendidos) e O médico da emoção
- Dale Carnegie: Como fazer amigos e influenciar pessoas (16 milhões de livros vendidos) e Como evitar preocupações e começar a viver
- Brené Brown: A coragem de ser imperfeito – Como aceitar a própria vulnerabilidade e vencer a vergonha (600 mil livros vendidos)
- T. Harv Eker: Os segredos da mente milionária (2 milhões de livros vendidos)
- Gustavo Cerbasi: Casais inteligentes enriquecem juntos (1,2 milhão de livros vendidos) e Como organizar sua vida financeira
- Greg McKeown: Essencialismo – A disciplinada busca por menos (400 mil livros vendidos) e Sem esforço – Torne mais fácil o que é mais importante
- Haemin Sunim: As coisas que você só vê quando desacelera (450 mil livros vendidos) e Amor pelas coisas imperfeitas
- Ana Claudia Quintana Arantes: A morte é um dia que vale a pena viver (400 mil livros vendidos) e Pra vida toda valer a pena viver
- Ichiro Kishimi e Fumitake Koga: A coragem de não agradar – Como se libertar da opinião dos outros (200 mil livros vendidos)
- Simon Sinek: Comece pelo porquê (200 mil livros vendidos) e O jogo infinito
- Robert B. Cialdini: As armas da persuasão (350 mil livros vendidos)
- Eckhart Tolle: O poder do agora (1,2 milhão de livros vendidos)
- Edith Eva Eger: A bailarina de Auschwitz (600 mil livros vendidos)
- Cristina Núñez Pereira e Rafael R. Valcárcel: Emocionário – Um guia lúdico para lidar com as emoções (800 mil livros vendidos)
- Nizan Guanaes e Arthur Guerra: Você aguenta ser feliz? – Como cuidar da saúde mental e física para ter qualidade de vida
- Suhas Kshirsagar: Mude seus horários, mude sua vida – Como usar o relógio biológico para perder peso, reduzir o estresse e ter mais saúde e energia